教材项目规划小组
Teaching Material Project Planning Group

严美华　姜明宝　王立峰

田小刚　崔邦焱　俞晓敏

赵国成　宋永波　郭　鹏

加拿大方咨询小组
Canadian Consulting Group

Dr. Robert Shanmu Chen

Mr. Zheng Zhining

University of British Columbia

Dr. Helen Wu

University of Toronto

Mr. Wang Renzhong

McGill University

荣获"优秀国际汉语教材奖"
Win the Award for Outstanding International Chinese Language Teaching Materials

中国国家汉办规划教材

NEW PRACTICAL CHINESE READER

(2nd Edition)

4

综合练习册
WORKBOOK

英文注释
Annotated in English

新实用汉语课本

刘珣 主编

编　者：张　凯　刘社会　陈　曦
　　　　左珊丹　施家炜　刘　珣
英译审订：Jerry Schmidt　余心乐

BEIJING LANGUAGE AND CULTURE
UNIVERSITY PRESS

北京语言大学出版社

（第2版）

图书在版编目（CIP）数据

新实用汉语课本综合练习册：英文注释 . 4 / 刘珣主编 . —
2 版 . — 北京：北京语言大学出版社，2012.10（2014.10 重印）
　　ISBN 978-7-5619-3388-6

　　Ⅰ . ①新…　Ⅱ . ①刘…　Ⅲ . ①汉语—对外汉语教学—
习题集　Ⅳ . ① H195.4

　　中国版本图书馆 CIP 数据核字（2012）第 240775 号

书　　　名：新实用汉语课本（第 2 版　英文注释）综合练习册 4
中文编辑：付彦白
英文编辑：侯晓娟
责任印制：汪学发

出版发行：北京语言大学出版社
社　　址：北京市海淀区学院路 15 号　　邮政编码：100083
网　　址：www.blcup.com
电　　话：国内发行　8610-82303650 / 3591 / 3651
　　　　　海外发行　8610-82300361 / 3080 / 3365
　　　　　编辑部　　8610-82303647 / 3592 / 3395
　　　　　读者服务部　8610-82303653
　　　　　网上订购申话　8610-82303908
　　　　　客户服务信箱　service@blcup.com
印　　刷：北京联兴盛业印刷股份有限公司
经　　销：全国新华书店

版　　次：2012 年 11 月第 2 版　　2014 年 10 月第 3 次印刷
开　　本：889 毫米 ×1194 毫米　　1/16　　印张：11.5
字　　数：180 千字
书　　号：ISBN 978-7-5619-3388-6 / H · 12176
　　　　　04600

凡有印装质量问题，本社负责调换。电话：8610-82303590

别总说"亲爱的"，好不好

Please stop saying "亲爱的"

all the time, OK?

 听说练习 Listening and Speaking Exercises

1 听问题，根据课文内容圈出正确的答案。
Listen to each question and circle the correct answer according to the texts.

① A. 服务员　　B. 马大为　　C. 小燕子　　D. 林娜

② A. 太太　　　B. 老师　　　C. 老板　　　D. 亲爱的

③ A. 炒大虾　　B. 炒羊肉　　C. 炒鸡丁　　D. 炒鸡块

④ A. 开茶馆　　B. 开饭馆　　C. 开学校　　D. 开网吧

⑤ A. 觉得很别扭　　　　　　B. 不喜欢这个词语

　　C. 觉得不好意思　　　　　D. 觉得很麻烦

2 听对话，并判断正误。
Listen to the following dialogue and decide whether the statements are true (T) or false (F).

① 女的晚上不能在家做饭。　　　　　　　　　（ T ）

② 男的一个人在家里。　　　　　　　　　　　（　 ）

③ 男的很会做菜。　　　　　　　　　　　　　（　 ）

④ 男的认为女的做的饭菜是最好吃的。　　　　（ T ）

⑤ 男的最后决定去饭馆吃饭。　　　　　　　　（　 ）

3 听对话，并填空。
Listen to the following dialogue and fill in the blanks.

男：夏天_____过去了，太好了。

女：是啊，天气_____凉快下来了。

男：北京的夏天每年都这么热吗？

女：对，每年＿＿＿＿很热，而且＿＿＿＿＿＿＿＿＿＿热。今年就比
去年热＿＿＿＿＿。

男：一般要到什么时候才不热呢？

女：到＿＿＿＿吧。就像现在这个时候。

男：是啊，特别是下雨以后。我听说过一句话，叫"＿＿＿＿＿＿
＿＿"。

女：你还知道得挺多的嘛。

4 听短文，并填空。

Listen to the passage and fill in the blanks.

小燕子请马大为吃她＿＿＿＿＿做的中国菜，马大为一个劲儿
称赞小燕子做菜的技术＿＿＿＿＿＿＿＿，他觉得＿＿＿＿＿
饭馆做的＿＿＿＿＿。他提议小燕子和他结婚后两人在美国开一家
饭馆，＿＿＿＿＿为了发大财，＿＿＿＿＿为了让美国人更多地了解
中国文化。＿＿＿＿＿小燕子认为当厨师＿＿＿＿＿经过专业学校
的培训才行。

5 听句子，写汉字。

Listen to the sentences and write characters.

1 ＿＿＿＿＿＿＿＿＿＿＿＿＿＿＿＿＿

2 ＿＿＿＿＿＿＿＿＿＿＿＿＿＿＿＿＿

3 ＿＿＿＿＿＿＿＿＿＿＿＿＿＿＿＿＿

4 ＿＿＿＿＿＿＿＿＿＿＿＿＿＿＿＿＿

5 ＿＿＿＿＿＿＿＿＿＿＿＿＿＿＿＿＿

6 角色扮演。

Role-play.

Listen to and imitate the dialogues together with your partner. Try to get the meaning of the dialogues with the help of your friends, teachers or dictionaries.

读写练习　Reading and Writing Exercises

1 为下列每组汉字和词语标注拼音，并译成英文。猜一猜没学过的字词的意思，并通过朋友、老师或词典来确认。

Give the *pinyin* of the following groups of Chinese characters, words and phrases and then translate them into English. Try to guess the meanings of the characters, words and phrases you haven't learned and then confirm them with the help of your friends, teachers or dictionaries.

（1）集中识字　Learn characters of the same radical group

纟：终　练　经　绍　结　纸　给　绩　继　续　绒　绝　线

　　红　绿　络　级　纪

扌：扭　打　握　抢　护　把　报　挂　授　拐　排　提　抓

　　撞　拍　技　换　挣　摇　挺　抬　指　批　接　搞　按

　　摆　搬　括

讠：谈　认　识　让　访　议　译　证　词　记　请　说　诉

　　谢　读　话　讲　评　谦　诗　试　谁　谊　课　该　订

　　设　语　诚　诞　调

（2）词语联想　Learn words and expressions associated in meaning

学校　小学　中学　初中　高中　专科学校　大学　工业大学

农业大学　科技大学　学院　医学院　商学院　工学院

语言学院　外语学院　外交学院　财经学院

教师　老师　教授　讲师　助教　工作人员

学生　小学生　中学生　大学生　研究生　博士生　留学生

教室　实验室　阅览室　图书馆　宿舍　食堂　操场　体育馆

健身房　网球场　足球场　篮球场　排球场

上课　下课　学习　复习　自习　预习　练习　做练习　听录音

念课文　讲语法　练口语　写汉字　看报纸　用电脑　上网

（3）猜字谜　Character riddle

它是人王，它是谁？

（The key is a Chinese character.）

2　把第一行和第二行的汉字连线组成词。
Find a character in the second line which can be combined with a character in the first line to make a word. Draw a line to connect the two.

了　聊　茶　服　热　发　声　安　干　正　场　散

务　闹　天　解　音　壶　现　常　所　静　步　净

3　用合适的词语填空。
Fill in the blanks with proper words or expressions.

（1）_____一盘点心。

（2）你_____给父母寄了很多钱，_____你父母告诉我，他们真正需
　　　要的_____你的汇款，_____你能常回家看看。

（3）学习任何一门外语，都_____多听、多说、多读、多写，只有这
　　　样_____真正学会这门外语。

（4）我在中国学习汉语已经有三个月了，我_____我的汉语口语水
　　　平_____。

（5）你昨天晚上_____有没有睡觉？为什么今天一天都很累的样子？

4　选择正确的答案。
Choose the correct answers.

（1）大为今天_____了？为什么没吃午饭？

　　　A.什么　　　　　　B.怎么　　　　　　C.多少　　　　　　D.那么

（2）他对每一个朋友都很好，当朋友有困难的时候，他_____第一个
　　　站出来帮助他。

　　　A.终于　　　　　　B.总是　　　　　　C.从来　　　　　　D.是

（3）我们只要九点之前赶到机场就可以了，你_____那么着急。

　　　A.必须　　　　　　B.总是　　　　　　C.不必　　　　　　D.经常

（4）他_____北京人，_____广州人。

　　　A.只要……，就……　　　　　　　　B.只有……，才……

　　　C.不是……，而是……　　　　　　　D.虽然……，但是……

（5）大为从小就想登上中国的万里长城，现在他的梦想_____实现了。

A. 终于　　　　　　B. 总是　　　　　　C. 必须　　　　　　D. 最后

5 连接 I 和 II 两部分的词语，组成句子。

Make a sentence by matching an expression in Part I with another one in Part II.
Draw a line to connect them.

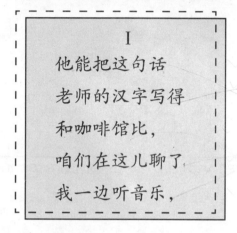

I

他能把这句话

老师的汉字写得

和咖啡馆比，

咱们在这儿聊了

我一边听音乐，

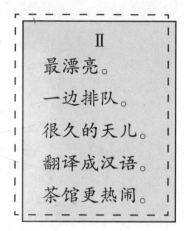

II

最漂亮。

一边排队。

很久的天儿。

翻译成汉语。

茶馆更热闹。

6 用所给词语组成句子。

Make sentences with the words or expressions given.

For example: 说　好　他　得　汉语　很 → 他汉语说得很好。

（1）不同的国家　发现　有　风俗习惯　我　不同的

→ _____

（2）汉语水平　我的　刚来的时候　比　多　得　好

→ _____

（3）现在　西方人　学汉语的　多　一天比一天

→ _____

（4）你　努力　必须　更　能　才　学好　汉语

→ _____

（5）哪位　究竟　教汉语　老师　得　教　好

→ _____

7 用所给词语造句。

Make sentences with the words or expressions given.

（1）不是……，而是……

_____

（2）总是

_____

（3）究竟

_____

（4）不必

_____

（5）必须……，才……

_____

8 变换下列句子的说法，注意用上括号里的词语。

Change the following sentences into sentences with the words or phrases in the parentheses.

（1）她每周跟她见面。（两次）

_____

（2）你想吃多少米饭就吃多少米饭，米饭很多。（得很）

_____

（3）我每天读中文报。（一个小时）

_____

（4）这个城市发展得越来越好。（一天比一天）

_____

（5）你不用担心，这次考试的内容很简单。（不必）

_____

9 用上括号里的词语，把下列句子译成中文。

Translate the following sentences into Chinese, using the words or expressions in the parentheses.

（1）I drive to the bank.（把，到）

_____

（2）It is raining. You must stay at home.（必须）

_____

（3）Please tell me whether you will attend the meeting.（究竟）

_____

（4）She always forgets to knock at the door.（总是）

_____

（5）This dish is much more tasty than that one.（得）

_____

10 选择有语法错误的一项。

Choose the grammatically wrong part in each statement.

（1）他 很快地 翻译这个词成了 汉语。　　　　　　（　　）

　　　A　B　　　　　C　　　　D

（2）他 比妹妹 诚实多。　　　　　　　　　　　　　（　　）

　　　A　B　　　C

（3）你 必须 努力工作，就 能 挣够 去中国 留学的学费。　（　　）

　　　　A　　　　　　B　C　　　　D

（4）你 什么 不 去上课 呢？　　　　　　　　　　　（　　）

　　　A　B　C　D

（5）你 到底 选 究竟 不选 口语课？　　　　　　　　（　　）

　　　A　B　C　D

11 选择下列词语在表述中的正确位置。

Choose the correct positions in the statements for the following words.

（1）再

　　　我 A 想 B 今天下午 C 去 D 一趟商场。

（2）总

　　　虽然 A 学习了很久，但是我 B 也 C 学 D 不会"把"字句。

（3）究竟

　　　你 A 怎么了？为什么 B 不 C 跟我 D 说话？

（4）终于

　　　A 吃了 B 很多中药，C 她的病 D 好了。

（5）必须

A 这事儿 B 别人 C 办不了，D 你自己去办。

12 从下列选项中选择一组合适的词语，把它们填入句子的合适位置。

Choose the right expressions from the options and then fill them in the proper positions in the sentences.

（1）今天下雨，我们不去公园了。

    A. 虽然……，但是……　　　　　　　B. 因为……，所以……

    C. 不但……，而且……

（2）我不敢批评他，我自己也不知道他做得对不对。

    A. 虽然……，但是……　　　　　　　B. 不是……，而是……

    C. 因为……，所以……

（3）中国有句俗话叫"不到长城非好汉"，就是说你登上长城，能成为好汉。

    A. 必须……，才……　　　　　　　　B. 因为……，所以……

（4）他从小就想读研究生，因为没有时间，所以到现在也没有实现理想。

    A. 总是　　　　　　　　　　　　　　B. 不是……，而是……

    C. 虽然……，但是……

13 根据本课"阅读与复述"中的短文内容判断正误。

Decide whether the following statements are true (T) or false (F) according to the passage in "Reading Comprehension and Paraphrasing" of this lesson.

（1）"我"边工作边开咖啡屋。　　　　　　　　　　　　　　　（　　）

（2）"我"喜欢安静，所以给咖啡屋取名字为"宁静咖啡屋"。　　（　　）

（3）"我"的梦想是开很多连锁咖啡屋。　　　　　　　　　　　（　　）

（4）他从愚人节那天开始就每天晚上 9 点到"我"的咖啡屋喝

    咖啡，到现在也没有停过。　　　　　　　　　　　　　　（　　）

（5）"这样的宁静，我怎么能不要呢……"，表示他也喜欢上

    "我"了。　　　　　　　　　　　　　　　　　　　　　　（　　）

14 回答问题，然后把你所说的写下来。
Answer the questions, and then write down what you have said.

（1）你怎样称呼你的女朋友或男朋友？

（2）你发现你周围的外国人怎样称呼自己的女朋友或男朋友？

（3）你认为喜欢一个人的时候是马上说出来好，还是互相了解以后再
说好？

15 读短文，完成下列练习。
Read the passages and do the following exercises.

（1）礼貌和客气

　　我是北京女孩儿，在英国伦敦留学。斯考特是英国人，他是我的好朋友。我们在礼貌和客气的问题上，常有些争论，谁也说服不了谁。比如说，昨天，我们在一起学习，他非常客气地对我说："请你把那本书递给我好吗？谢谢。"我听着有点儿别扭，就对他说："斯考特，你每天都是这么客客气气地跟我讲话，我总觉得咱们俩好像还是第一次见面。可是，我们已经是这么熟、这么好的朋友了，天天生活在一起，递一件小东西还用得着这么客气吗？如果一点儿鸡毛蒜皮的小事，就说'谢谢'、'对不起'，你不觉得累吗？"

　　斯考特对我的想法感到很奇怪，他问我："中国人难道不说'谢谢'和'对不起'吗？那不是很没有礼貌？你认为讲礼貌会让人感到不舒服吗？"

　　我对他说："中国人当然说'谢谢'和'对不起'，当然要讲礼貌。但是如果对很亲近的人，比如家里人或者自己的好朋友，总是说'谢谢'和'对不起'，他就会觉得太客气了，感到不自然、不舒服。所以，我们去朋友家做客，或请朋友吃饭，常说'不必客气'。我觉得客气跟礼貌有些关系，但它们是两回事。"

他说:"客气和礼貌怎么会是两回事呢? 你去看看词典, 在英文里是同一个词。"

我想, 斯考特说得也很对啊,"客气"和"礼貌"在英语里确实是同一个词。所以, 我也没办法向斯考特解释清楚为什么我觉得别扭。

生词　New Words

①	争论	zhēnglùn	V	argue
②	递	dì	V	pass

回答问题　Answer the questions

① 用汉语解释"客气"和"礼貌"的意思。

② 你认为"客气"和"礼貌"是两回事吗?

③ 举例说明"不必客气"的用法。

(2) 结婚年龄的变化

现在, 如果我们30岁还不结婚, 别的人, 包括父母, 谁也不会觉得我们已经"太大"了; 如果我们不结婚, 也没有人会对我们说三道四(shuō sān dào sì)。21世纪, 婚姻真正成了一种个人生活方式的选择。30岁之后才走入婚姻殿堂已经变得十分(shífēn)常见, 30岁之前结婚却会被认为"太早"了。不结婚的单身族(dānshēnzú)越来越多, 但大多数人认为这是一种无奈(wúnài)的选择。当然, 这里所说的结婚年龄的变化, 主要指城市青年。在中国农村, 旧观念的影响还比较深, 年轻人结婚都比较早, 所以在农村要特别提倡(tíchàng)晚婚。

生词　New Word

婚姻殿堂	hūnyīn diàntáng	matrimony

用汉语解释下列词语　Explain the following words in Chinese

① 说三道四：
② 十分：
③ 单身族：
④ 无奈：
⑤ 提倡：

（3）在青藏高原举行婚礼

2010 年 8 月 22 日，从全国各地来的九十九对新郎新娘，在青藏高原的纳木错湖边举行婚礼。他们面对神山圣湖宣誓：让圣地的蓝天作证，我们的爱情纯洁无瑕；让圣地的神山做媒，我们的蜜月无比幸福；让圣地的圣湖跟我们做伴，我们的婚姻地久天长。宣完誓，新郎和新娘们就相互拥抱和亲吻。

第二天，九十九对新人到青藏铁路旁种同心树。他们种上了九十九棵能活一千年的柏树，希望自己的爱情能像柏树一样常青。

生词　New Words

1	宣誓	xuānshì	V	make a vow
2	纯洁无瑕	chúnjié wúxiá		pure
3	做媒	zuò méi	V O	be a matchmaker
4	拥抱	yōngbào	V	hug

回答问题　Answer the questions

① 九十九对新郎新娘在哪儿举行婚礼？

② 新人们的结婚誓词是什么？

③ 他们种的同心树能活多长时间？

（4）眼镜（yǎnjìng）结良缘（liángyuán）

　　说起我跟我妻子的爱情，还得从眼镜开始。跟妻子认识是朋友介绍的。第一次见面，我们谈话的时间虽然不短，但是当我离开以后，介绍人问她觉得我怎么样，她只说了三个字："没看清。"介绍人把这句话告诉了我，我很奇怪。"没看清"是什么意思？是说不了解我，还是……

　　过了几天，她第一次给我打电话，约我一起进城玩儿。我高兴极了。第一次去哪儿呢？想起介绍人跟我说的"没看清"这句话，我有了一个想法。

　　到了约定的日子，我提前去车站等她。她急急忙忙地向车站走来，我迎上去，走到她面前，她才看到我，说："啊，没想到你先到了。"在车上，我们一直愉快地交谈着，我问她什么，她都很高兴地回答。从谈话中，我了解到她是350度近视（jìnshì），因为怕不好看，所以才不想戴眼镜。我知道该去哪儿了。

　　下车后，我就带她到了大明眼镜店，为她配了一副很漂亮的眼镜，让她戴上。我称赞说："你戴上眼镜，很好看，也很有气质（qìzhì）。"她自己站在镜子前面仔细地看了很久，也觉得不错。她说，戴上眼镜不但看清了我的样子，而且还看到了我的心。

　　经过一段时间的接触（jiēchù），她表示愿意跟我结婚。说实在的，我有妻子，是眼镜帮我结的良缘。

用汉语解释下列词语　Explain the following words in Chinese

① 眼镜：_____

② 良缘：_____

③ 近视：_____

④ 气质：_____

⑤ 接触：_____

16 根据拼音，在电脑中输入汉字。
Input Chinese characters on computer according to the *pinyin*.

Xiǎoyún de bàba māma dú chūzhōng de shíhou jiù rènshi le, tāmen dú gāozhōng de shíhou shì hǎo péngyou. Suīrán dāngshí liǎng ge rén dōu hùxiāng xǐhuan, dàn tāmen bǎ zhè fèn ài cáng zài xīnli. Děngdào liǎng ge rén dōu dàxué bìyè le, tāmen cái bǎ máicángle hěn jiǔ de ài shuō chūlai, chéngle yí duì xìngfú de zhàngfu hé qīzi.

17 根据本课课文完成马大为的日记。
Complete Ma Dawei's diary according to the texts of this lesson.

6月8日　晴

小燕子不喜欢我叫她"亲爱的"，书里面也说中国人轻易不对别人说一个"爱"字。来到这里以后，我几乎没有听过他们说"我爱你"这句话。这是为什么呢？今天我跟几个中国朋友讨论了这个问题……

18 试着朗读并背诵下面的古诗。
Try to read and recite the following ancient poem.

夜雨寄北　　　　　　　Yè Yǔ Jì Běi

［唐］李商隐　　　　　　［Táng］Lǐ Shāngyǐn

君问归期未有期，　　　Jūn wèn guī qī wèi yǒu qī,

巴山夜雨涨秋池。　　　Bā Shān yè yǔ zhǎng qiū chí.

何当共剪西窗烛，　　　Hé dāng gòng jiǎn xī chuāng zhú,

却话巴山夜雨时。　　　què huà Bā Shān yè yǔ shí.

"半边天" 和 "全职太太"

Career women and housewives

听说练习 Listening and Speaking Exercises

1 听问题，根据课文内容圈出正确的答案。
Listen to each question and circle the correct answer according to the texts.

① A. 王小云　　　　B. 马大为　　　　C. 陆雨平　　　　D. 陈老师

② A. 孩子的教育问题　　　　　　　　B. 照顾年老父母的问题

　　C. 做家务的问题　　　　　　　　　D. 休闲的问题

③ A. 男女平等　　　　　　　　　　　B. 工资低

　　C. 就业困难　　　　　　　　　　　D. 社会不公平

④ A. 妇女占天空的一半　　　　　　　B. 妇女担负着一半的社会工作

　　C. 妇女的权力只有一半　　　　　　D. 妇女做一半的家务

⑤ A. 做家务　　　　　　　　　　　　B. 竞争激烈

　　C. 家庭和事业的矛盾　　　　　　　D. 照顾孩子

2 听对话，并判断正误。
Listen to the following dialogue and decide whether the statements are true (T) or false (F).

① 女的回家很晚。　　　　　　　　　　　　　　　　（　T　）

② 女的没有工作。　　　　　　　　　　　　　　　　（　　）

③ 男的很累，所以要好好儿休息。　　　　　　　　　（　　）

④ 女的给男的做饭吃。　　　　　　　　　　　　　　（　　）

⑤ 今天男的做饭和洗衣服。　　　　　　　　　　　　（　　）

3 听短文，并填空。
Listen to the passage and fill in the blanks.

在旧中国，妇女＿＿＿＿做一个好妻子，就应该留在家中照顾丈夫和孩子。＿＿＿＿，很多妇女＿＿＿＿当一个好妻子，＿＿＿＿在结婚后就不再＿＿＿＿、＿＿＿＿或者参加社会活动了。今天，中国妇女的地位在＿＿＿＿都有提高，人们常说"＿＿＿＿"。＿＿＿＿，男人和女人在一些方面还是＿＿＿＿的。＿＿＿＿，有的工作不让妇女做，妇女还要＿＿＿＿主要的家务。所以，现在还不能说男女＿＿＿＿实现了平等，＿＿＿＿在各个方面男女都＿＿＿＿同样的＿＿＿＿，＿＿＿＿有真正的男女平等。

4 听句子，写汉字。
Listen to the sentences and write characters.

1 ＿＿＿＿＿＿＿＿＿＿＿＿＿＿＿＿＿＿

2 ＿＿＿＿＿＿＿＿＿＿＿＿＿＿＿＿＿＿

3 ＿＿＿＿＿＿＿＿＿＿＿＿＿＿＿＿＿＿

4 ＿＿＿＿＿＿＿＿＿＿＿＿＿＿＿＿＿＿

5 ＿＿＿＿＿＿＿＿＿＿＿＿＿＿＿＿＿＿

5 角色扮演。
Role-play.

Listen to and imitate the dialogues together with your partner. Try to get the meaning of the dialogues with the help of your friends, teachers or dictionaries.

6 文化体验。
Culture experience.

1 问问你的中国朋友（男的或女的都可以），他们工作或学习的地方男女工作人员各占多少。

2 问问你的男性中国朋友，他们会不会做菜，是不是常常做菜。

3 如果你是男性，你认为你（未来）的妻子应该外出工作还是留在家里做全职太太？为什么？

如果你是女性，你认为你结婚后是外出工作好呢，还是留在家里做全职太太好？为什么？

向你的中国朋友打听一下，中国女性在结婚后的社会地位和家庭地位是什么样的。

7 阅读下列表格，并和你的同伴做问答练习。
Read the following table and do question-and-answer exercise with your partner.

首都大酒店

时　间	房间类型	公开价格	我们的折扣价格	加　床	节　省
2011年4月1日 至 2011年8月31日	高级客房 （包括美式早餐）	240美元	143美元	47美元	97美元
2011年9月1日 至 2011年11月15日	高级客房 （包括美式早餐）	240美元	176美元	49美元	64美元
2011年11月16日 至 2012年2月28日	高级客房 （包括美式早餐）	240美元	109美元	45美元	131美元

读写练习 Reading and Writing Exercises

1 为下列每组汉字和词语标注拼音，并译成英文。猜一猜没学过的字词的意思，并通过朋友、老师或词典来确认。
Give the *pinyin* of the following groups of Chinese characters, words and phrases and then translate them into English. Try to guess the meanings of the characters, words and phrases you haven't learned and then confirm them with the help of your friends, teachers or dictionaries.

（1）集中识字　Learn characters of the same radical group

女：妇　姑　好　她　姐　妈　妹　娜　娘　姓　婚　嫩　妻

　　　要　妆

木：权 杯 楼 材 村 格 机 极 棵 梯 棒 橄 榄 桥
树 松 样 植 本 术 架

宀：家 寄 宿 宋 定 客 室 它 完 安 寒 实 官 宴
字 容 赛 宜 宁 宝 宫 富 蜜

（2）词语联想　Learn words and expressions associated in meaning

家庭　爷爷　奶奶　外公　外婆　爸爸　妈妈　父母　父亲　母亲

公公　婆婆　哥哥　弟弟　姐姐　妹妹　夫妻　丈夫　妻子　爱人

岳父　岳母　舅舅　舅妈　姑姑　姑父　伯父　伯母　叔父　叔母

姨妈　姨夫　表姐　表妹　表哥　表弟　孩子　儿子　女儿　孙子

孙女

家务　买菜　做饭　炒菜　洗衣　扫地　照顾老人　教育孩子

照顾吃穿

（3）脑筋转得快　Thinking and guessing

　　　车里坐着爸爸、爸爸的爸爸、爸爸的儿子，还坐着爷爷的儿子和爷爷的孙子，还有孙子的爷爷和爸爸。请问车里一共坐着几个人？

2 把第一行和第二行的汉字连线组成词。

Find a character in the second line which can be combined with a character in the first line to make a word. Draw a line to connect the two.

照　几　发　就　竞　担　封　服　分　正　报　进

争　步　建　乎　顾　挥　从　担　确　酬　业　负

3 用合适的动词填空。

Fill in the blanks with proper verbs.

（1）我最不喜欢_____家务了，所以家里请了保姆_____我的忙。

（2）妇女能_____"半边天"的作用。

（3）要是你听我的话，这个问题就比较容易_____了。

（4）公民应该_____平等、自由的权利。

（5）现在，在很多中国人的家庭里，丈夫每天都要_____厨房。

4　选择正确的答案。
　　Choose the correct answers.

（1）我和他很多年没见过面了，昨天突然见面，我_____不认识他了。

　　A. 几乎　　　　B. 总是　　　　C. 差很多　　　D. 就

（2）_____能继续工作，她与丈夫很认真地谈了一整天，把她自己的想法说了一遍。

　　A. 因为　　　　B. 所以　　　　C. 必须　　　　D. 为了

（3）他说得很有道理，我_____同意他的请求。

　　A. 一定　　　　B. 不能不　　　C. 不能　　　　D. 不必

（4）男人能做的工作_____女人不能做的。

　　A. 不　　　　　B. 一定　　　　C. 没有　　　　D. 只有

（5）你要是病了的话，_____不用去开会了。

　　A. 才　　　　　B. 就　　　　　C. 应该　　　　D. 最后

5　连接Ⅰ和Ⅱ两部分的词语，组成句子。
　　Make a sentence by matching an expression in Part I with another one in Part II.
　　Draw a line to connect them.

Ⅰ	Ⅱ
只有妇女很好地发挥作用，	我要学好汉语。
汉语的语法没有	他是一个好人。
总的来说，	我不会的。
为了更好地了解中国，	社会才能正常地发展。
"全国人大"就是	全国人民代表大会。

6 用所给词语组成句子。

Make sentences with the words or expressions given.

For example: 说 好 他 得 汉 语 很 → 他汉语说得很好。

（1）口语 方面 小王 在 是 最好的

　　→ _____

（2）没 中国 看过 的 电影 没有 我

　　→ _____

（3）说 他的汉语水平 我 高 不能 我 比 不

　　→ _____

（4）要是 不给我 不 翻译一下 你 我 就 意思

　　这个句子 懂 的

　　→ _____

（5）读懂 意思 只有 才 能 他自己 这篇 的 文章

　　→ _____

7 用所给词语造句。

Make sentences with the words or expressions given.

（1）只有……，才……

　　_____

（2）要是……，就……

　　_____

（3）没有……不……

　　_____

（4）不……不……

　　_____

（5）几乎

　　_____

8 变换下列句子的说法，注意用上括号里的词语。

Change the following sentences into sentences with the words or phrases in the parentheses.

（1）妻子在家里，能更好地照顾孩子。（只有……，才……）

_____

（2）你认为自己的汉语还说得不太好，再学习几个月吧。

（要是……，就……）

_____

（3）李老师必须参加今天的会议。（不……不……）

_____

（4）因为要考大学，小燕子从小学开始就努力学习。（为了）

_____

（5）就业时，男人常常比女人更容易。（在……方面）

_____

9 用上括号里的词语，把下列句子译成中文。

Translate the following sentences into Chinese, using the words or expressions in the parentheses.

（1）Generally speaking, life in senior middle school is more busy than junior middle school.（总的来说）

总的来说高中的生活比较忙

（2）In order to look after her sick mom, she left school at eleven.（为了）

为了照顾她生病妈妈她十一点下学

（3）If it rains tomorrow, we will not go to climb the mountain.（要是……，就……）

要是明天下雨我们就不去爬山

（4）There is nearly no one who can translate the letter.（几乎）

几乎没有人问发翻这个信

（5）On diving, I took more exercises than you.（在……方面）

在跳水方面我运动比你要多

10　选择有语法错误的一项。

Choose the grammatically wrong part in each statement.

（1）我 <u>丢了</u> <u>几乎</u> <u>三百元</u> 钱。　　　　　　　　　　　（　A　）

　　　　　A　　B　　C

（2）<u>为了</u>他 <u>考大学</u>，<u>已经</u> <u>几天</u>没睡觉了。　　　　　（　　）

　　　A　　　B　　　　C　　　D

（3）"妇女能顶半边天"，<u>所以</u> 我们 <u>不能</u> <u>没</u> 重视妇女的作用。　（　　）

　　　　　　　A　　　　　B　　　C　D

（4）<u>只有</u> <u>国家富了</u>，人民的生活 <u>就</u> <u>能</u> 富裕。　　　　（　　）

　　　A　　B　　　　　　　　C　D

（5）这次 HSK 考试 <u>要</u> <u>成功</u>，妈妈 <u>就</u> <u>带</u>我去欧洲旅游。　（　　）

　　　　　　　A　B　　　　　C　　D

11　选择下列词语在表述中的正确位置。

Choose the correct positions in the statements for the following words and expressions.

（1）担负

　　　他 A 在 B 这次研究中 C 很重要的 D 工作。

（2）服从

　　　过去，A 孩子 B 就要 C 父母的 D 决定。

（3）为了

　　　A 能 B 找到一首喜欢的歌曲，C 大为一个晚上都在 D 听光盘。

（4）没有……不……

　　　A 这个 B 学校里，C 我 D 认识的人。

（5）……的话

　　　你要是 A 喜欢 B 这件衣服 C，你就拿去穿吧 D。

12 从下列选项中选择一组合适的词语，把它们填入句子的合适位置。

Choose the right words or expressions from the options and then fill them in the proper positions in the sentences.

（1）我　你的话，不会这么说。

　　A. 因为……，但是……　　　　　　B. 要是……，就……

　　C. 虽然……，但是……

（2）自己来到中国，　能真正了解中国文化的特点。

　　A. 只要……，就……　　　　　　B. 只有……，才……

　　C. 只能……，就……

（3）"没有过不了的关卡"，意思是说只要努力，什么矛盾　是解决不了的。

　　A. 有　　　　　　　　B. 没有　　　　　　　　C. 不

（4）我　得对她说："太感谢你了！"

　　A. 不……不　　　　　　B. 没有　　　　　　　C. 没

（5）在北京过年，大为给自己买了一套唐装。

　　A. 为了　　　　　　　　B. 只要　　　　　　　C. 只有

13 根据本课"阅读与复述"中的短文内容判断正误。

Decide whether the following statements are true (T) or false (F) according to the passage in "Reading Comprehension and Paraphrasing" of this lesson.

（1）新乡市看起来像世界建筑博览会。　　　　　　　　（　　）

（2）林志华是"京华实业公司"的总经理。　　　　　　（　　）

（3）1972 年的时候，南小村没有新马车。　　　　　　（　　）

（4）因为南小村的男人都外出打工了，所以林志华担负起村长

　　的工作。　　　　　　　　　　　　　　　　　　　（　　）

（5）为了让孩子们受到好的教育，林志华提出"副业兴农"。（　　）

14 回答问题，然后把你所说的写下来。

Answer the following questions, and then write down what you have said.

（1）你的女性朋友中有职业女性吗？她们对于事业和家庭的观念是怎样的？

（2）向你身边的中国人了解一下当前中国妇女的生活和工作情况。

（3）从报纸、电影、电视剧中，你可以看出当前在女性的社会和家庭地位方面还有些什么问题？

15 读短文，完成下列练习。

Read the passages and do the following exercises.

（1）花木兰

中国古时候有个姑娘，叫花木兰。一天，她正在织布，听到爸爸妈妈在不停地叹气。原来，国王下命令要她爸爸去打仗。她爸爸岁数大了，弟弟又还小。怎么办呢？花木兰决定女扮男装，替她爸爸去打仗。

花木兰虽然是女子，但是很勇敢。他们打赢了，战争结束了。国王想让花木兰做官，花木兰不愿意做官，她请求回家照顾爸爸妈妈。国王同意了她的要求，派人送她回家。花木兰到了家里，她让送她来的人在客厅喝茶，自己就进了卧室。一会儿，花木兰穿着新裙子，戴着花儿出来，变成一个又年轻又漂亮的姑娘了。送她回家的那些人感到非常吃惊，心想：跟我们一起打仗的花木兰，原来是一位姑娘！

后来，花木兰就成了妇女们学习的榜样。

生词　New Words

1	叹气	tànqì	VO	sigh
2	扮	bàn	V	disguise oneself
3	勇敢	yǒnggǎn	A	brave
4	战争	zhànzhēng	N	war
5	榜样	bǎngyàng	N	good example

回答问题　Answer the questions

① 花木兰为什么要替爸爸去打仗？

② 花木兰愿意做官吗？为什么？

③ 你觉得花木兰为什么成了妇女们学习的榜样？

（2）"谁让我是孩子他爸呢"

　　我是搞艺术的。领导让我担任一个大型话剧的艺术总监。这个总监真不好当，可把我累坏了。不巧的是，这时候我又怀孕了，肚子一天比一天大，身体也越来越笨拙（bènzhuō）了。我丈夫很想对我说："你就在家好好儿休息吧！"但他知道我是一个非常要强（yàoqiáng）的女人。只要是我决定去做的事情，就一定要把它做好，决不会中途放弃（fàngqì）。他看我担任艺术总监后，每天都从早忙到晚，吃不好，睡不好，心疼（xīnténg）极了。他只好放下自己的工作，做我的专职（zhuānzhí）司机和私人秘书。他每天开车送我去上班，接我回家，有什么需要联系的事情，他都替我去处理，让我多点儿休息的时间。我问他："你这样做不累吗？"他总是指着我的肚子说："谁让我是孩子他爸呢？我不支持孩子他妈，肚子里的孩子能答应吗？"

生词　New Words

1	担任	dānrèn	V	take charge of
2	大型	dàxíng	A	large
3	话剧	huàjù	N	stage play
4	总监	zǒngjiān	N	chief inspector
5	怀孕	huáiyùn	V	be pregnant
6	肚子	dùzi	N	belly
7	秘书	mìshū	N	secretary

用汉语解释下列词语　Explain the following words in Chinese

① 笨拙：＿＿＿＿＿＿＿＿＿＿＿＿＿＿＿＿＿＿＿

② 要强：＿＿＿＿＿＿＿＿＿＿＿＿＿＿＿＿＿＿＿

③放弃：_____

④心疼：_____

⑤专职：_____

（3）我家的对联

女作家冰心在《我家的对联》一文中写道：

我对墙壁上挂的对联特别感兴趣。这兴趣是从小时候就养成的。在我11岁那年，回到老家，看见在客厅墙上我曾祖父画像的两旁，有我祖父写的一副对联：

> 谁道五丝能续命
>
> 每逢佳节倍思亲

我曾祖父是在农历五月五日端阳节那天去世的。中国习俗在端阳节那天都要给小孩子的手腕上戴上五色丝线，叫做续命线，祝愿他长命百岁。每到端阳节，我祖父看到孩子们手腕上的五色丝线，就会想到他父亲。他对"五丝"能不能"续命"，有了疑问，所以写了"谁道五丝能续命，每逢佳节倍思亲"。

我很注意我们老家客厅里的每一副对联，在这些对联中有很多是我祖父自己写的。比如：

> 知足知不足
>
> 有为有弗为

这是一幅为自己写的对联，它很好地体现了我祖父的性格。

我这一辈子，在亲戚朋友家里，在国内的风景区，欣赏到了不少很好的对联。不但句子好，而且字也写得好，看了确实是一种享受。我认为中国人应该把这种特有的美好传统继承下去，让孩子们从小就有一个美好的艺术环境。

生词　New Words

① 曾祖父	zēngzǔfù	N	grandfather's father

| ② | 端阳节 | Duānyáng Jié | PN | Dragon Boat Festival |
| ③ | 弗 | fú | Adv | not |

回答问题　Answer the questions

①"我"祖父写的对联是什么意思？

②你见过对联吗？写出一副你看到过的对联。

（4）妇女就业问题仍严峻

　　原全国妇联主席彭珮云指出，现在和以后很长的一段时间里，中国妇女就业问题依然严峻。

　　彭珮云是在全国妇联和中国妇女研究会办的"中国妇女就业论坛"开幕式上讲话时说的。

　　彭珮云在讲话中说，随着以市场为导向的就业机制的建立与发展，妇女就业观、就业方式发生了深刻的变化，经济发展为妇女创造了更多的参与机会。但同时也必须认识到，现在和以后很长的一段时间里，中国妇女就业问题仍然十分严峻，妇女的就业问题将更加复杂。

　　她指出，现在存在的主要问题是：下岗女工比例较大，妇女就业和再就业困难；女性职业结构出现新的变化，男女两性收入差距呈扩大趋势；女职工劳动权益受损害情况比较严重；农村女性劳动力向非农产业变化相对滞后。

　　彭珮云希望，全社会都能充分重视妇女就业问题，积极促进妇女就业；增加就业机会；积极鼓励女性自己创业；用法律来保护妇女的劳动权益。

生词　New Words

| ① | 严峻 | yánjùn | A | serious |
| ② | 妇联 | fùlián | N | Women's Federation |

③	机制	jīzhì	N	mechanism
④	参与	cānyù	V	participate in
⑤	呈	chéng	V	take on
⑥	趋势	qūshì	N	trend
⑦	权益	quányì	N	rights and interests
⑧	滞后	zhìhòu	V	lag behind

讨论　Discussion

为什么说中国妇女就业问题仍然十分严峻，妇女的就业问题将更加复杂？

16 根据拼音，在电脑中输入汉字。
Input Chinese characters on computer according to the *pinyin*.

　　Suīrán Zhōngguó fùnǚ de dìwèi yǒule míngxiǎn de tígāo, dàn zài yìxiē Zhōngguórén de xīnzhōng háishi cúnzàizhe "zhòng nán qīng nǚ" de guānniàn. Bǐrú niánqīng fūfù dōu gèng xǐhuan shēng nánháir, zài nóngcūn, zhè zhǒng qíngkuàng gèng yánzhòng. Zài jiùyè shí, tóngyàng tiáojiàn de liǎng ge rén, yòngrén dānwèi gèng xǐhuan yào nánxìng zhíyuán. Yīncǐ, yào jiějué nánnǚ bù píngděng de wèntí, zuì zhòngyào de shì gǎibiàn rénmen de sīxiǎng.

17 根据本课课文完成日记。
Complete the diary according to the texts of this lesson.

6 月 10 日　晴

　　今天我和班上的同学一起讨论妇女地位的问题。他们认为，妇女回家可以解决很多的家庭问题，也可以解决就业的问题。但我认为……

18 用下列词语描述你对男女社会地位的看法（至少用8个）。

Use at least 8 of the following words and expressions to describe your opinion on the social status of men and women.

妇女地位 过去 现在 将来 妇女能顶半边天 全职太太 职业妇女
担负 解决问题 孩子 教育问题 照顾父母 做家务 为了 几乎
要是……，就…… 只有……，才……

19 阅读下面的地图，你能从地图中找出哪些信息？

Read the map. What information can you find from it?

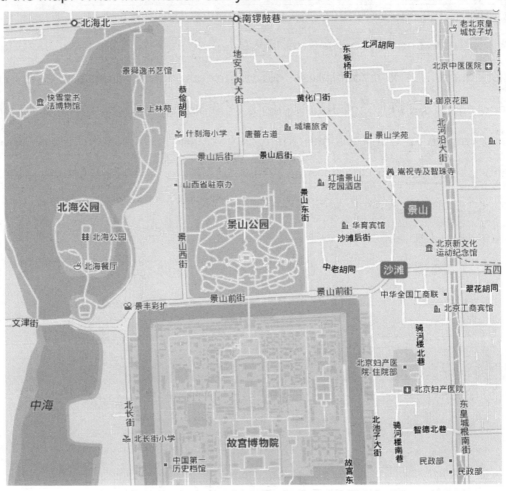

（北京市中心部分地图）

20 阅读下列材料，你能说出这是什么吗？你能从材料中找出哪些信息？你知道你们国家这方面的数据情况吗？

Read the following statistics. Can you tell what it is? What information can you find from it? Do you know the statistics in your country?

中国女性预期寿命高出男性3.6岁

中国人口预期寿命（岁）

	平均	男性	女性
1998年	71.2	69.4	73.1
2001年	71.7	69.8	73.6
2008年	72	70	74
2011年	73	71	74

21 试着朗读并背诵下面的古诗。

Try to read and recite the following ancient poem.

枫桥夜泊

〔唐〕张继

月落乌啼霜满天，

江枫渔火对愁眠。

姑苏城外寒山寺，

夜半钟声到客船。

Fēngqiáo Yè Bó

〔Táng〕Zhāng Jì

Yuè luò wū tí shuāng mǎn tiān,

jiāng fēng yúhuǒ duì chóu mián.

Gūsū Chéng wài Hánshān Sì,

yè bàn zhōng shēng dào kè chuán.

我想自己开个律师事务所

I want to start a law firm myself

 听说练习 Listening and Speaking Exercises

1 听问题，根据课文内容圈出正确的答案。

Listen to each question and circle the correct answer according to the texts.

1~6

① A. 读研究生   B. 做公务员

  C. 自己开个律师事务所   D. 做法官

② A. 有竞争   B. 宋华喜欢

  C. 工作稳定   D. 收入很高

③ A. 靠国家分配   B. 选自己喜欢的

  C. 选有前途的   D. 选收入高的

④ A. 做律师   B. 考研究生

  C. 考公务员   D. 出国留学

⑤ A. 工作是否有前途   B. 工作是否稳定

  C. 是否是自己喜欢的工作   D. 工资待遇是否高

2 听对话，并判断正误。

Listen to the following dialogue and decide whether the statements are true (T) or false (F).

① 小张毕业后打算马上自己开公司。   (T)

② 现在有越来越多的年轻人选择自己开公司。   (T)

③ 小张要先在别人的公司学习管理的经验。   (F)

④ 小张打算开一家介绍到国外留学的公司。   (T)

⑤ 小张自己开公司的目的是为了挣大钱。   (F)

3 听对话，回答问题。
Listen to the following dialogue and answer the questions.

① 他们什么时候毕业？

明年毕业。

② 毕业以后，男的想做什么？女的呢？

男的要工作。她要是研究生。

③ 男的的专业是什么方面的？

他的专业是经济。

④ 男的想在什么地方找工作？

要去上海或者北京。

4 听短文，并填空。
Listen to the passage and fill in the blanks.

　　_过去_，中国的年轻人毕业以后主要是_靠_国家的分配，国家_安排去哪儿_。_就去哪儿_由于中国_改革开放_的发展，年轻人在_选择职业_方面也有了自己的看法。_关于_择业，他们_首先_想到的是自己的_爱好_或兴趣_就是说_，做自己喜欢做的工作；_然后_，_再_考虑专业是不是合适，收入是不是满意。_而且_，已经有_越来越多_的年轻人准备_自己开公司_也就是说，现在的年轻人和过去的年轻人在择业方面的观念已经有了一百八十度的_变化_。

5 听句子，写汉字。
Listen to the sentences and write characters.

① _____

② _____

③ _____

④ _____

⑤ _____

6　角色扮演。
Role-play.

Listen to and imitate the dialogues together with your partner. Try to get the meaning of the dialogues with the help of your friends, teachers or dictionaries.

7　文化体验。
Culture experience.

① 每个人都对自己的未来有一个梦想。你的梦想是怎样的呢？和你的同学讨论一下关于职业理想的问题。

② 你知道在中国最受欢迎的职业是什么吗？和你们国家最受欢迎的职业比一比，是不是一样呢？

③ 在孩子需要做出重要选择的时候（比如选择大学、就业、婚姻等），中国的父母常常提出自己的意见，希望孩子们接受。和你的中国朋友讨论一下，看看他们对这种情况有什么看法。

8　阅读下列材料，并和你的同伴做问答练习。
Read the following statistics and do question-and-answer exercise with your partner.

2011 年中国部分城市就业服务供求情况分析报告

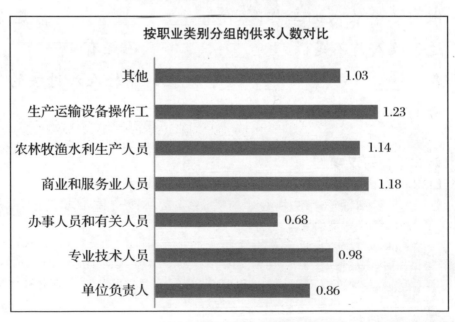

按职业类别分组的供求人数对比

职业类别	数值
其他	1.03
生产运输设备操作工	1.23
农林牧渔水利生产人员	1.14
商业和服务业人员	1.18
办事人员和有关人员	0.68
专业技术人员	0.98
单位负责人	0.86

（求人倍率＝需求人数÷求职人数）

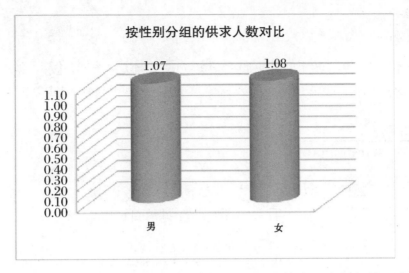

（求人倍率＝需求人数÷求职人数）

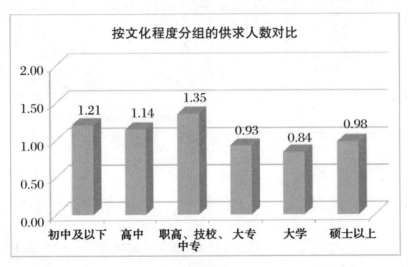

（求人倍率＝需求人数÷求职人数）

 读写练习　Reading and Writing Exercises

1 为下列每组汉字和词语标注拼音，并译成英文。猜一猜没学过的字词的意思，并通过朋友、老师或词典来确认。

Give the *pinyin* of the following groups of Chinese characters, words and phrases and then translate them into English. Try to guess the meanings of the characters, words and phrases you haven't learned and then confirm them with the help of your friends, teachers or dictionaries.

（1）集中识字　Learn characters of the same radical group

亻：亿　什　化　付　代　们　他　伟　传　休　件　价　体　但

作　低　你　住　位　件　便　俩　修　保　俄　俭　俗　信

债　借　候　倍　健　做　偷　假　停　傻　像

彳：行　往　律　很　得　街　德

氵：汉　汗　污　江　沙　汽　没　法　河　油　注　泳　波　洗

活　济　池　洋　洲　海　酒　深　湖　游　满　漠　漂　清

流　涮　演　澡　派　洞　淋　液　港　澳　湾　源　溜　溶

激　灌　溉

（2）词语联想　Learn words and expressions associated in meaning

公务	公务员	部长	司长	处长	科长
主任	专员	科员	办事员	法律	法官
法院院长	律师事务所	律师	官司	打官司	国营
私营	公司	企业	商店	商场	商品
超市	经理	总经理	经济	总经济师	工程师
总工程师	会计	总会计师	技术	技术员	营业
营业员	售货	售货员	保管	保管员	

前边	后边	里边	外边	上边	下边
左边	右边	东边	西边	南边	北边
旁边	东北边	西北边	东南边	西南边	中间

前面	后面	里面	外面	上面	下面	左面
右面	东面	西面	南面	北面	东北面	西北面
东南面	西南面	中心	东部	西部	南部	北部
东北部	西北部	东南部	西南部			

前方	后方	正前方	东方	西方	南方	北方
东北方	西北方	东南方	西南方	方向	方位	

2 把第一行和第二行的汉字连线组成词。

Find a character in the second line which can be combined with a character in the first line to make a word. Draw a line to connect the two.

律　熟　安　分　即　既　前　不　生　休　面　招

稳　配　师　管　试　意　悉　假　途　然　聘　使

3 用合适的词语填空。

Fill in the blanks with proper words or expressions.

（1）导演给演员们_____角色。

（2）过去，农民干的就是_____天吃饭的活儿。

（3）来华学汉语的留学生越来越多，学校_____招聘更多的对外汉语教师。

（4）时代变了，人们也应该适当地_____生活观念。

（5）我明天很忙，也就是_____，我明天不能和你一起吃饭了。

4 选择正确的答案。

Choose the correct answers.

（1）____B____月饼的故事，我们下一课再讲。

　　A. 对　　　　B. 关于　　　　C. 为了　　　　D. 除了

（2）周杰伦____C____唱 R&B 音乐受到欢迎。

　　A. 对　　　　B. 关于　　　　C. 靠　　　　D. 为了

（3）我们先去吃晚饭，_____去看电影，好吗？

　　A. 然后　　　B. 第二　　　　C. 后来　　　　D. 又

（4）_____以后我成功了，我也不会看不起别人。

　　A. 因为　　　B. 只有　　　　C. 既然　　　　D. 即使

（5）不管别人怎么想，我____C____不能放弃我的理想。

　　A. 才　　　　B. 就　　　　C. 都　　　　D. 还

不管……都

5　连接 I 和 II 两部分的词语，组成句子。

Make a sentence by matching an expression in Part I with another one in Part II.
Draw a line to connect them.

I	II
他让我帮他	我也要做这笔生意。
即使会有损失，	我回去想一想再回答你。
不管他有没有钱，	在书店买一本《新实用汉语课本》。
关于你提出的问题，	一下子出名了。
他在广告界	这位律师都要帮他打官司。

6　用所给词语组成句子。

Make sentences with the words or expressions given.

For example: 说　好　他　得　汉语　很 → 他汉语说得很好。

（1）公务员　他　满意　对　非常　这份工作

　　→ _____

（2）明天　大家　的　关于　活动　还　意见　有　什么

　　→ 关于明天的

（3）父母的　理解　有时候　也　想法　子女　应该

　　→ _____

（4）努力　要　改变(gǎi biàn)　学习方法　我的　我

　　→ 我要改变我的学习方法更努

（5）打算　去　挣钱　国外留学　我　自己

　　→ 我打算自己挣钱去国外留学。✓

7　用所给词语造句。

Make sentences with the words or expressions given.

（1）即使……，也……

即使下雨，他们也要踢足球。✓

（2）不管……，都……

不管天气，我们都上课。✗

好不好/怎样

（3）关于

关于你的作业你作得不错。✓

（4）靠　jīng jì / 经济

在生活边面，我靠我爸爸妈妈。

（5）需要+V

我需要努力的复习。✓

8 变换下列句子的说法，注意用上括号里的词语。

Change the following sentences into sentences with the words or phrases in the parentheses.

（1）下午三点我们开会，五点请客人吃饭。（先……，然后……）

_____

（2）我觉得我学不好这门外语，我打算不再学下去了。（也就是说）

_____

（3）在国外生活，有很大的困难，要靠自己去克服。（即使……，也……）

_____

（4）这个骗子多么会骗人，最后还是被抓住了。（不管……，也……）

_____

（5）今天我们讲了《红楼梦》的故事，书中的人物我们下节课再讲。

（关于）

_____

9 用上括号里的结构或词语，把下列句子译成中文。

Translate the following sentences into Chinese, using the structure or words in the parentheses.

（1）I told him to drive me home.（兼语句）

_____

（2）My mom went to shop with me in Wangfujing Street.（连动句）

_____

（3）We need your help now.（需要+V）

_____

（4）You have changed a lot since we graduated from school.（改变）

_____

（5）My family lives a happy life by my parents' wages.（靠）

_____

10 选择有语法错误的一项。
Choose the grammatically wrong part in each statement.

（1）靠我 努力 考上了 大学。　　　✓（A）
　　　Ⓐ　　B　　C

（2）父母 关于 她 就业的问题 ，意见不一样。　✓（A）
　　　　　Ⓐ　　　B　　　　　　C

（3）我们 先 读课文 ，就 听写。　　　　（A）
　　　Ⓐ　B　　　C　D

（4）即使 我 身在国外 ，心里 就 总是 想着父母。　（D）
　　　A　　B　　　　　C　D

（5）不管 我 多么 喜欢冰淇淋，为了 身体的健康，我 就 不能多吃。　（B）
　　　A　Ⓑ　　　　　C　　　　　　　D

11 选择下列词语在表述中的正确位置。
Choose the correct positions in the statements for the following words.

（1）需要
　　　A我 Ⓑ好好儿 C想一想 D我的前途问题。

（2）关于
　　　Ⓐ这场 B官司，C我们一定要认真准备 D怎么打。

（3）就是说
　　　A演唱会的票 B已经卖完了，Ⓒ我们 D不能去听这场演唱会了。

（4）只要
　　　A努力干，不怕苦、不怕累，B事业、C房子，Ⓓ都会有的。

（5）靠
　　　A她的好成绩是 Ⓑ她的 C努力 D得来的。

12 从下列选项中选择一组合适的词语，把它们填入句子的合适位置。

Choose the right expressions from the options and then fill them in the proper positions in the sentences.

（1）老师总是点名上课。　　　　　　　　　　　B

　　　A.首先……，以后……　　　　　　B.先……，然后……

　　　C.第一……，第二……

（2）你不告诉我事情的结果，我能打听出是谁干的。　　A

　　　A.即使……，也……　　　　　　B.因为……，所以……

　　　C.只有……，才……

（3）一个国家有多强大，应该尊重别的国家。　　A

　　　A.不管……，都……　　　　　　B.即使……，也……

　　　C.虽然……，但是……

（4）下班回家的时候有多累，她会帮妈妈准备晚餐。　　A

　　　A.不管……，都……　　　　　　B.即使……，也……

　　　C.因为……，所以……

13 根据本课"阅读与复述"中的短文内容判断正误。

Decide whether the following statements are true (T) or false (F) according to the passage in "Reading Comprehension and Paraphrasing" of this lesson.

（1）王洛宾是新疆维吾尔族人。　　　　　　　　　　（　　）

（2）王洛宾非常喜欢新疆少数民族的歌曲。　　　　　（　　）

（3）《在那遥远的地方》是一首非常有名的歌曲。　　（　　）

（4）《达坂城的姑娘》是王洛宾自己创作的。　　　　（　　）

（5）在七十多岁的时候，王洛宾又一次来到了新疆。　（　　）

14 回答问题，然后把你所说的写下来。

Answer the following questions, and then write down what you have said.

（1）如果你有一份很稳定的工作，工作条件也很好，但是你的兴趣却并
　　　不在这儿。你的面前有两条路：一是继续干这份稳定的工作；二是
　　　离开这儿，选择你喜欢的工作。你会走哪一条路呢？

（2）你认为一个人工作是为了什么？

（3）现在很多人都希望自己办公司，你认为自己办公司的人应该有什么样的条件？

15 读短文，完成下列练习。
Read the passages and do the following exercises.

（1）招聘广告

招聘律师

　　因业务发展需要，北京市兴国律师事务所计划招聘合伙人2名，专职律师3名，律师助理2名。条件如下：

1. 品行良好而且有团结合作精神；
2. 具有北京市正式户口；
3. 法学专业硕士以上学历；
4. 从事专职律师工作一年以上（合伙人要求从业三年以上）。

　　地址：北京市海淀区知春路918号

　　邮编：100038

　　电话：83951198　83951199

　　网址：www.xg.com.cn

回答问题　**Answer the questions**

① 这家律师事务所一共要招聘几个人？需要几名专职律师？

② 招聘的条件有哪些？

③ 应聘的人可以怎样与这家律师事务所联系？

（2）业务广告

兴国律师事务所

（一流（yīliú）服务　诚信高效　收费合理）

刑事辩护　合同债务　房产拆迁　行政诉讼

建筑工程　装修纠纷（jiūfēn）　交通肇事（jiāotōng zhàoshì）

婚姻纠纷　法律顾问　公司事务　劳动争议　医疗纠纷

资深（zīshēn）律师特办全国二审、再审及各类复杂疑难案件

地址：北京市海淀区知春路918号

邮编：100038

电话：83951198　83951199

网址：www.xg.com.cn

用汉语解释下列词语 **Explain the following words in Chinese**

① 一流：＿＿＿＿＿＿＿＿＿＿＿＿＿＿＿＿＿＿＿＿

② 纠纷：＿＿＿＿＿＿＿＿＿＿＿＿＿＿＿＿＿＿＿＿

③ 交通肇事：＿＿＿＿＿＿＿＿＿＿＿＿＿＿＿＿＿＿

④ 资深：＿＿＿＿＿＿＿＿＿＿＿＿＿＿＿＿＿＿＿＿

（3）一项调查

　　北京一家信息公司对北京、上海、广州、成都四个城市15~59岁女性居民就城市女性职业情况、理想职业和就业观念进行了电话访问。调查显示，"收入一般，但工作稳定"的职业是四个城市女性选择职业时首先考虑的条件，其中，公司职员成为北京女性首选的理想职业。

　　在本次调查中，当问到"您最理想的职业是什么"时，15.1%的女性首选教师，女性的第二理想职业是公司职员，列在理想职业第三位的是医生或药剂师。其他排在前十位的理想职业依次是：会计、秘书、律师、厂长／经理、个体经营者、行政管理人员、商店店员。从中可以看出，女性理想的职业具有三个特点：一是需受过良好的教育；二是工作稳定；三是受到社会尊重。但需要注意的是，四个城市女性对科研、技术方面的职业兴趣不大。

回答问题　Answer the questions

① 这次调查的对象是什么人？

② 最受城市女性欢迎的职业是什么？

③ "厂长／经理"排在第几位？

④ 你知道你们国家城市女性最理想的职业是什么吗？

⑤ 你最理想的职业是什么？为什么？

16 根据拼音，在电脑中输入汉字。
Input Chinese characters on computer according to the *pinyin*.

　　Xiànzài zài Zhōngguó, yǒu hěn duō gāng cóng xuéxiào bìyè de niánqīngrén xīwàng zìjǐ zhǎo yí ge yǒu tiǎozhànxìng de gōngzuò. Tāmen yòng fùmǔ gěi de qián huòzhě yínháng de dàikuǎn, zìjǐ kāi gōngsī. Suīrán yǒude rén chénggōng le, yǒude rén méiyǒu chénggōng, dàn tāmen zài nǔlì de shíxiàn zìjǐ de lǐxiǎng.

17 根据本课课文完成林娜的日记。
Complete Lin Na's diary according to the texts of this lesson.

6月10日　晴

　　我的朋友小云快大学毕业了。她想考研究生，继续学习，可是她的父母却认为她应该先工作。她很矛盾。我认为……

18 用下列词语描述你对工作的看法。
Use the following words and expressions to describe your opinion on jobs.

就业　靠　个人的兴趣　工作中的竞争　压力　公务员　稳定
工资高　努力

19 试着朗读并背诵下面的古诗。
Try to read and recite the following ancient poem.

回乡偶书　　　　　　　　Huí Xiāng Ǒu Shū

［唐］贺知章　　　　　　　［Táng］Hè Zhīzhāng

少小离家老大回，　　　　Shào xiǎo lí jiā lǎo dà huí,

乡音无改鬓毛衰。　　　　xiāngyīn wú gǎi bìnmáo cuī.

儿童相见不相识，　　　　Értóng xiāngjiàn bù xiāngshí,

笑问客从何处来。　　　　xiào wèn kè cóng hé chù lái.

洋姑爷在农村过春节

A foreign son-in-law celebrates the
Spring Festival in the countryside

听说练习 Listening and Speaking Exercises

1 听问题，根据课文内容圈出正确的答案。
Listen to each question and circle the correct answer according to the texts.

4
1~5

① A. 结婚　　　　B. 求婚　　　　C. 过春节　　　　D. 庆祝爸爸生日

② A. 小姐　　　　B. 妈妈　　　　C. 太太　　　　D. 女士

③ A. 蔬菜　　　　B. 虾　　　　C. 鱼　　　　D. 米饭

④ A. 放鞭炮　　　B. 包饺子　　　C. 睡觉　　　　D. 拜年

⑤ A. 写春联　　　B. 扭秧歌　　　C. 贴窗花　　　D. 吃月饼

2 听对话，并判断正误。
Listen to the following dialogues and decide whether the statements are true (T) or false (F).

对话 1　Dialogue 1：

① 男的有女朋友了。　　　　　　　　　　　　　　　　　　（　　）

② 男的想自己去哈尔滨看冰灯。　　　　　　　　　　　　　（　　）

③ 吉林的雾凇和哈尔滨的冰灯一样有名。　　　　　　　　　（　　）

④ 女的会在吉林的老家过春节。　　　　　　　　　　　　　（　　）

⑤ 春节的时候，男的不去吉林。　　　　　　　　　　　　　（　　）

对话 2　Dialogue 2：

① 女的知道中国很多节日。　　　　　　　　　　　　　　　（　　）

② 中国的节日不止两个。　　　　　　　　　　　　　　　　（　　）

③ 中秋节是新中国建立以后才有的节日。　　　　　　　　　（　　）

④ 十月一日是劳动节。 （　　）

⑤ 中国传统的"情人节"和西方的情人节是同一天。 （　　）

3 听短文，并填空。
Listen to the passage and fill in the blanks.

　　中国人最重要的节日就是春节。_____过春节的时候，人们_____自己离家_____，_____要赶回去，_____和家里人_____，_____在农村，这种情况更是普遍。过年的时候，全家人_____吃年夜饭，吃过年夜饭_____一起_____看电视，_____，大家喜气洋洋的。小孩子们最快乐，因为过年的时候_____穿上新衣服，除夕夜的时候，他们_____在屋里看电视，_____几个小朋友一起到外边去_____，整个大街上都是孩子们的欢笑声。

4 听句子，写汉字。
Listen to the sentences and write characters.

① _____

② _____

③ _____

④ _____

⑤ _____

5 角色扮演。
Role-play.

Listen to and imitate the dialogues together with your partner. Try to get the meaning of the dialogues with the help of your friends, teachers or dictionaries.

6 文化体验。
Culture experience.

① 你会包饺子吗？向你的中国朋友或老师学学包饺子吧。学会以后，可以办一次聚会。

② 你知道中国人在下面的情况下说什么祝福的话吗？问问你的中国朋友或者老师。

　　　A.朋友结婚　　　B.朋友生了孩子　　　C.老人过生日

③ 向你的朋友打听一下中国人过春节的情况，比较一下跟美国人过圣诞节的情况有什么不同。

④ 你觉得子女是否应该经常和父母聚在一起？

7 阅读下列新电影上映时间表，并和你的同伴做问答练习。
Read the following timetable of new movies, and then do question-and-answer exercise with your partner.

● 《碟中碟4》

青年宫影剧院	今明	9:50（优惠）	11:45	12:50	14:45
		16:40	18:35	20:30	
广安门电影院	今明	9:10	11:05	13:00	15:00	17:10
		19:00				
五道口电影院	今明	10:00	13:00	15:00	17:00	19:00
大华影院	今明	9:40	11:30	12:20	13:20	14:10
		15:10	16:00	17:00	17:50	18:50
		19:40	20:40	21:30		

● 《龙门飞甲》

地质礼堂	今明	9:00（优惠）	10:40	12:20	14:00
		15:40	17:20	19:00	20:40
青年宫影剧院	今明	13:40	15:20	17:00	
广安门电影院	今明	10:00	11:40	13:20	15:00	16:40
		18:20	20:00			

（1）这里介绍了几部电影的时间表？

（2）如果你想看电影《龙门飞甲》，你可以去哪些电影院？

（3）如果你想看《碟中碟4》，而你只有21点以后才有时间，你应该去哪个电影院？

（4）如果你 10 点半的时候到达广安门电影院，这个时间最适合看哪
部电影？

（5）如果你想买便宜的票看《龙门飞甲》，那么最好什么时候去哪个
电影院看电影？

 读写练习 Reading and Writing Exercises

1 为下列每组汉字和词语标注拼音，并译成英文。猜一猜没学过的字词的意思，并通
过朋友、老师或词典来确认。
Give the *pinyin* of the following groups of Chinese characters, words and phrases
and then translate them into English. Try to guess the meanings of the characters,
words and phrases you haven't learned and then confirm them with the help of your
friends, teachers or dictionaries.

（1）集中识字   Learn characters of the same radical group

火：炒 炎 烤 烧 炮

口：可 右 叶 号 只 叫 另 吃 吗 员 听 吧 告 君

味 呢 咖 啡 虽 品 咱 哪 啊 唱 啤 喝 嘴 响

呀 咳 喂 啦 唤 器 嗓

又：叉 友 双 发 圣 对 戏 观 欢 鸡 变 艰 难

（2）词语联想   Learn words and expressions associated in meaning

四合院	院子	楼房	平房	厨房	客厅	餐厅
卧室	书房	宿舍	新房	旧房	客房	花园
装修	木头	水泥	居民	房客	住房	厕所
洗手间	邻居	买房	租房	房子	房东	房屋
房租	房管	房间	房钱	房产		

年	今年	去年	明年	前年	后年	本年
当年	月	上月	下月	本月	一月	二月
三月	四月	五月	六月	七月	八月	九月
十月	十一月	十二月	天	今天	明天	昨天

前天	后天	晴天	阴天	雨天	星期	星期一
星期二	星期三	星期五	星期六	星期日	星期天	初一
初二	初三	初四	初五	初六	初七	初八
初九	初十	早上	上午	中午	下午	晚上
夜里	半夜	深夜				

2 把第一行和第二行的汉字连线组成词。

Find a character in the second line which can be combined with a character in the first line to make a word. Draw a line to connect the two.

姑　健　反　红　结　饺　除　春　火

联　康　爷　余　烧　而　夕　子　鸡

3 用合适的词语填空。

Fill in the blanks with proper words or expressions.

（1）你早点儿把文章写好交给老师，老师_____给你这门课的成绩。

（2）考试的时候_____查字典。

（3）过年的时候，大家见面都说"_____"。

（4）吃了年夜饭，一家人要围坐在一起再_____一些饺子。

（5）快过年了，他忙着_____春联。

4 选择正确的答案。

Choose the correct answers.

（1）她每次去中国，_____去北京游览长城，_____去上海买东西。

她对朋友说，她最喜欢中国的这两个城市了。

A. 不是……，而是……　　　　　　B. 不是……，就是……

C. 一边……，一边……　　　　　　D. 虽然……，但是……

（2）他在汉语的发音方面有很多困难，但他_____怕别人笑话，
_____更多地跟大家说汉语。

A. 因为……，所以……　　　　　　B. 即使……，也……

C. 不但不……，反而……　　　　　D. 不是……，就是……

（3）_____你没有说过这样的话吗？

　　A. 所以　　　　　　B. 难道　　　　　　C. 因为　　　　　　D. 即使

（4）我喜欢做菜，_____喜欢做红烧鱼。

　　A. 尤其　　　　　　B. 更　　　　　　　C. 多　　　　　　　D. 少

（5）你快点儿去买木头和水泥，_____早点儿开始装修新房子。

　　A. 能　　　　　　　B. 好　　　　　　　C. 就　　　　　　　D. 会

5　连接 I 和 II 两部分的词语，组成句子。

Make a sentence by matching an expression in Part I with another one in Part II.
Draw a line to connect them.

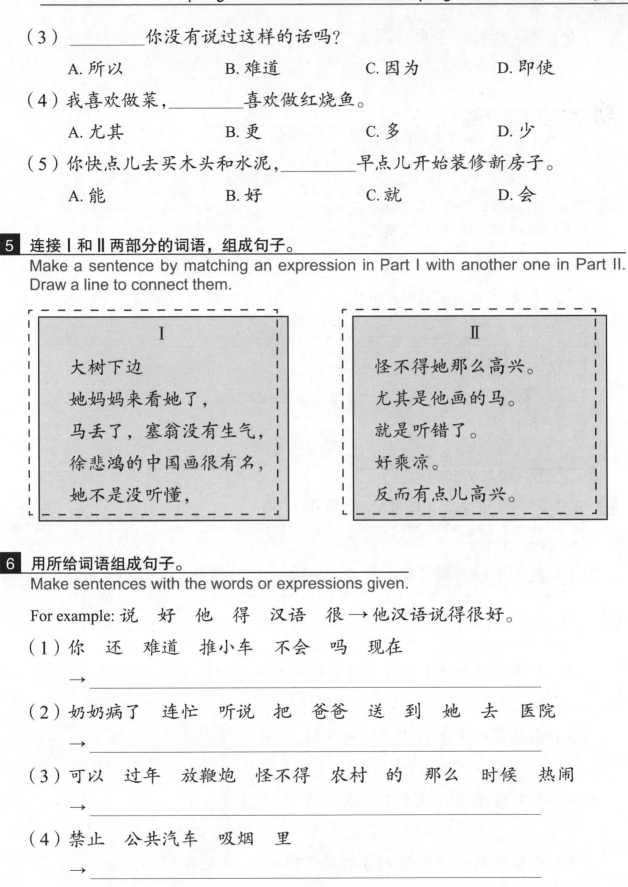

I	II
大树下边	怪不得她那么高兴。
她妈妈来看她了，	尤其是他画的马。
马丢了，塞翁没有生气，	就是听错了。
徐悲鸿的中国画很有名，	好乘凉。
她不是没听懂，	反而有点儿高兴。

6　用所给词语组成句子。

Make sentences with the words or expressions given.

For example: 说　好　他　得　汉语　很 → 他汉语说得很好。

（1）你　还　难道　推小车　不会　吗　现在

　→ _____

（2）奶奶病了　连忙　听说　把　爸爸　送　到　她　去　医院

　→ _____

（3）可以　过年　放鞭炮　怪不得　农村　的　那么　时候　热闹

　→ _____

（4）禁止　公共汽车　吸烟　里

　→ _____

（5）他　唐诗　李白　喜欢　尤其是　的　非常　诗

　　→ _____

7 用所给词语造句。
　　Make sentences with the words or expressions given.

（1）难道……吗

　　_____

（2）不但不/没……，反而……

　　_____

（3）不是……，就是……

　　_____

（4）好（OpV）

　　_____

（5）怪不得

　　_____

8 变换下列句子的说法，注意用上括号里的词语。
　　Change the following sentences into sentences with the words or expressions in the parentheses.

（1）我不小心打破了她的花瓶，她没生气，还对我说"没关系"。

　　　　　　　　　　　　　　　（不但不……，反而……）

　　_____

（2）这家商店的手机只有 Nokia 和 Sumsung 两种。（不是……，就是……）

　　_____

（3）出门带着雨伞，下雨的时候用。（好）

　　_____

（4）今天过生日，这个孩子这么高兴。（怪不得）

　　_____

（5）大为喜欢北京，特别喜欢北京的小吃。（尤其）

　　_____

9 用上括号里的词语，把下列句子译成中文。

Translate the following sentences into Chinese, using the words or expressions in the parentheses.

（1）If you need help, please tell me.（说一声）

_____

（2）Please read the text carefully, and then you will answer my questions.（好）

_____

（3）I like eating fruits, especially apples.（尤其）

_____

（4）It is snowing, no wonder I feel cold.（怪不得）

_____

（5）I will be late, so I take a taxi promptly.（连忙）

_____

10 选择有语法错误的一项。

Choose the grammatically wrong part in each statement.

（1）他 从 早忙 到 晚，不是 学习，而是 工作。　　　　　（　　）
　　　　A　　　　B　　　　C　　　　D

（2）雨 不但 没 停，却 越 下越 大。　　　　　　　　　　（　　）
　　　　A　　B　　　C　D

（3）我 不喜欢 爬山，尤其 喜欢 去游乐园玩儿。　　　　　（　　）
　　　　　A　　　　　B　　C　　　　D

（4）我想 边听边读 地学汉语，这样可能学得更好，反而 更 容　（　　）
　　　　　　A　　　　　　　　　B　　　　　C　D

　　易学会。

（5）你别忘了带手机，好 有事情的时候 给家里打个电话。　　（　　）
　　　　A　　　　B　　　　C　　　　D

11 选择下列词语在表述中的正确位置。

Choose the correct positions in the statements for the following words.

（1）好

　　A 请把钥匙（yàoshi）B 给我，C 我回来的时候 D 开门。

（2）尤其

　　他 A 喜欢 B 各种各样的音乐，C 喜欢 D R&B 音乐。

（3）怪不得

　　A 他 B 生病了，C 他 D 好几天没来上课。

（4）难道

　　A 得到 B 这么好的成绩，C 你 D 还不满足吗？

（5）反而

　　A 我想 B 走近路快些到学校去上课，C 因为着急 D 走错了路。

12 从下列选项中选择一组合适的词语，把它们填入句子的合适位置。

Choose the right words and expressions from the options and then fill them in the proper positions in the sentences.

（1）经理让你做这么难的工作，你一点儿都没有犹豫？

　　A. 因为　　　　　B. 难道……吗　　　　C. 所以

（2）我喜欢爬山，非常喜欢爬山，尤其是那些有名的高山。

　　A. 不是不……，而是……　　　　B. 不是……，而是……

　　C. 不是……，就是……

（3）我想给邻居们一些报酬，他们不要，很不高兴。

　　A. 不但……，而且……　　　　B. 不但……，反而……

　　C. 不是……，就是……

（4）我小时候想：生活里只有两种人，好人，坏人。

　　A. 不是……，而是……　　　　B. 不是……，就是……

　　C. 一边……，一边……

（5）世界上有爱，人们总能够得到幸福。

　　A. 只要……，就……　　　　B. 只有……，才……

　　C. 因为……，所以……

13 根据本课"阅读与复述"中的短文内容判断正误。
Decide whether the following statements are true (T) or false (F) according to the passage in "Reading Comprehension and Paraphrasing" of this lesson.

（1）以前舅舅到我家拜年都会带回家很多东西。　　　　　（　　）

（2）现在北京郊区有的农民家里比城里人还富裕。　　　　（　　）

（3）舅舅所以两年没来拜年，是因为不好意思再向我家要东西。（　　）

（4）舅舅家现在有自己的果园，还在养蜜蜂。　　　　　　（　　）

（5）大表哥看农业科技书，是为了考大学。　　　　　　　（　　）

14 回答问题，然后把你所说的写下来。
Answer the questions, and then write down what you have said.

（1）在你的国家，农村人和城里人有什么不同？

（2）在你的国家，什么节日是全家人一起度过的？你们在过节的时候都
　　有哪些活动？

15 读短文，完成下列练习。
Read the passages and do the following exercises.

（1）春　联

　　中国农村过春节，家家户户都要用红纸写一副对子贴在门上，这叫春联。传说，贴春联是从明朝开始的。有一年，明朝皇帝朱元璋下令全国各家各户在过春节的时候，都要用大红纸写一副对子贴在门上，表示天下太平，让春节更加喜气洋洋。从那以后，贴春联就成了一种风俗。不同的人喜欢不同的春联，比如，商人就喜欢在商店门口贴这样的春联：生意兴隆通四海，财源茂盛达三江。

回答问题　**Answer the question**

用自己的话写写贴春联的传说。

（2）贺年片

中国人过春节的时候，常互相送贺年片。传说，送贺年片是从明朝开始的。那时的贺年片比现在的名片大一些，是用画了梅花的信纸做成的。传统的贺年片上都画有福、禄、寿、财、禧内容的年画，还常常有"恭贺新禧"等贺词。一直到现在，人们过春节还常互相寄贺年片，表示美好的祝愿。

生词　New Words

①	梅花	méihuā	N	plum blossom
②	禄	lù		official's pay or stipend in feudal China

回答问题　Answer the question

你收到过春节贺年片吗？写一张贺年片送给你的中国朋友。

（3）吉利话

从前有个老头，他觉得最近两年做事很不顺利，过年的时候，就用红纸写了几句吉利的话贴在墙上，希望在新的一年里万事如意。那段话是：今年好烦恼少不得打官司做酒坛坛好酿醋坛坛酸养猪大如山老鼠只只死。古人写文章没有标点，写好以后，他自己又念了一遍："今年好，烦恼少，不得打官司，做酒坛坛好，酿醋坛坛酸，养猪大如山，老鼠只只死。"对这几句吉利话，他很满意，就把它贴在墙上。

有个老朋友来给他拜年，见了那段没有标点的话，他一边看，一边念："今年好烦恼，少不得打官司。做酒坛坛好酿醋，坛坛酸。养猪大如山老鼠，只只死。"听完，老头都快气昏了。

生词　New Words

①	顺利	shùnlì	A	without a hitch
②	吉利	jílì	A	auspicious

3	烦恼	fánnǎo	A	annoyed
4	坛	tán	N	earthen jar, jug
5	酿醋	niàng cù		make vinegar

回答问题　**Answer the question**

吉利的话为什么不吉利了？

（4）农民给企业的基地打工

在山东莱阳龙大集团的有机农场里，35 岁的赵松正带领着四十多个农民种植蔬菜。赵松说："我们这里种的是有机蔬菜（yǒujī shūcài），不能使用任何化学农药和化肥，除草也全是用手拔。劳动工具都是专用的，用完后要洗干净，而且还要消毒（xiāodú）。龙大基地公司派两名技术员常驻农场，日本客商也经常到农场查看。"

赵松原来自己在家种地，两亩地一年的纯收入（chún shōurù）只有八九百元。现在他把地转租出去，每亩地租金收入就是 550 元，另外他还在农场打工，一年的工资就是 40,000 元。

像赵松一样，把土地转租出去、自己再给企业打工的农民，人数可不少。目前，在龙大集团打工的就有 1.6 万人，基本上都是附近的农民，而龙大集团一年支付的工资总额高达 4.28 亿元。也就是说，一年有 1.6 万名农村劳动力（láodònglì），每人每年平均从龙大集团领取 27,000 元的非农产业收入。

生词　**New Words**

1	驻	zhù	V	be stationed, be posted
2	纯	chún	A	net

用汉语解释下列词语　Explain the following words in Chinese

① 有机蔬菜：_____

② 消毒：_____

③ 纯收入：_____

④ 劳动力：_____

16 根据拼音，在电脑中输入汉字。
Input Chinese characters on computer according to the *pinyin*.

　　Zài Zhōngguó, rénmen rènwéi nóngmín shì zuì qínjiǎn de rén. Tāmen cóng chūn-xià dào qiū-dōng, zài tǔdì shang xīnkǔ de gànhuór. Guòqù, yīnwèi kēxué zhīshi bú gòu, nóngmínmen mángle yì nián, shōurù yě bú shì hěn hǎo, tāmen de shēnghuó shuǐpíng hěn nán tígāo. Xiànzài, guójiā bǎ kējì sòngdào nóngcūn, nóngmínmen yòng kēxué zhīshi zhòng tián、bàn guǒyuán, hái bànle hěn duō qǐyè. Jīntiān hěn duō dìfang de nóngmín, yě kāishǐ guòshangle fùyù de shēnghuó.

17 根据本课课文完成林娜的日记。
Complete Lin Na's diary according to the texts of this lesson.

1 月 10 日　晴

　　中国的春节快到了，我打算到我的好朋友小云的家里去感受一下中国新年的气氛。听说，在中国过年的时候……

18 用下列词语描述一下中国庆祝春节的习俗。

Use the following words and expressions to describe the Chinese custom of celebrating the Spring Festival.

过年 除夕 拜年 好 不但不……，反而…… 尤其 贴对联

贴窗花 放鞭炮

19 阅读短文，你能从短文中找出哪些信息?

Read the passage. What information can you find from it?

倒贴"福"字的传说

　　每逢新春佳节，家家户户都要在屋门上、墙壁上贴上大大小小的"福"字。春节贴"福"字，是中国民间由来已久的风俗。

　　"福"字的意思是指"福气"、"好运"。春节贴"福"字，无论是过去还是现在，都寄托了人们对幸福生活的向往，也是对美好未来的祝愿。而很多人家把"福"字倒过来贴，因为"倒"的发音和"到"一样，"福倒"就是"福到"，表示"幸福已到"、"福气已到"。

　　民间还有将"福"字精工细作成各种图案的，图案有寿星、寿桃、鲤鱼跳龙门、五谷丰登、龙凤呈祥等。"福"字以前多为手写，过去民间有"腊月二十四，家家写大字"的说法。现在，普通的市场、商店中都出售印刷（yìnshuā）好的"福"字。

20 试着朗读并背诵下面的古诗。
Try to read and recite the following ancient poem.

江　雪　　　　Jiāng Xuě

［唐］柳宗元　　　　［Táng］Liǔ Zōngyuán

千山鸟飞绝，　　　Qiān shān niǎo fēi jué,

万径人踪灭。　　　wàn jìng rén zōng miè.

孤舟蓑笠翁，　　　Gū zhōu suōlì wēng,

独钓寒江雪。　　　dú diào hán jiāng xuě.

读《孔乙己》

Reading *Kong Yiji*

 听说练习　Listening and Speaking Exercises

🎧 5
1~6

1 听问题，根据课文内容圈出正确的答案。

Listen to each question and circle the correct answer according to the texts.

① A.《阿 Q 正传》　　　　　B.《孔乙己》

　 C.《红楼梦》　　　　　　D.《唐诗选》

② A. 读书人　　　　　　　　B. 农民

　 C. 有钱人　　　　　　　　D. 开酒店的

③ A. 巴金　　　　　　　　　B. 鲁迅

　 C. 老舍　　　　　　　　　D. 齐白石

④ A. 他喜欢那件长衫　　　　B. 他认为自己是读书人

　 C. 他没有别的衣服　　　　D. 大家都穿长衫

⑤ A. 老师让他看的　　　　　B. 朋友让他看的

　 C. 这本书是妈妈寄来的　　D. 看了汉语节目比赛以后想看的

2 听对话，并判断正误。

Listen to the following dialogue and decide whether the statements are true (T) or false (F).

① 男的看过很多部中国的小说。　　　　　　　　　　　　（　　）

② 因为这两部小说很有名，所以男的说他看过，女的一点
儿也不奇怪。　　　　　　　　　　　　　　　　　　　（　　）

③《西游记》是用现在的普通话写的。　　　　　　　　　（　　）

④ 男的很喜欢《西游记》和《阿 Q 正传》。　　　　　　（　　）

⑤ 读小说帮助男的学习了更多的汉语。　　　　　　　　　（　　）

3 听对话，回答问题。
Listen to the following dialogue and answer the questions.

① 对话中提到女的对什么感兴趣？

_____

② 女的看过巴金先生的哪些小说？

_____

③ 女的看过话剧《茶馆》吗？

_____

④《祝福》是哪位作家的小说？

_____

⑤ 女的喜欢看谁的作品？

_____

4 听短文，并填空。
Listen to the passage and fill in the blanks.

　　鲁迅先生是最有名的中国_____，他的作品不但在当时对社会的影响很大，而且到今天，_____影响着中国文学和中国社会。鲁迅先生用自己的笔揭露了封建社会，他希望能看到一个人人平等、幸福的新社会。他的很多作品，像_____、_____、《祝福》，都是中国现代文学_____中最伟大的作品。因为鲁迅先生的文学作品都有很深的意思，_____了解那时候的社会情况，_____很难理解它们的意思。

5 听句子，写汉字。
Listen to the sentences and write characters.

① _____

② _____

③ _____

4 _____

5 _____

6 角色扮演。
Role-play.

Listen to and imitate the dialogues together with your partner. Try to get the meaning of the dialogues with the help of your friends, teachers or dictionaries.

7 文化体验。
Culture experience.

① 你最喜欢哪部小说？请向你的朋友介绍一下这部小说的内容，并告诉大家你为什么喜欢它。

② 你认为读书和看电视（或看电影）有什么关系？你更喜欢哪一种？

③ 你知道哪些中国作家和他们的作品？试着去图书馆查一查资料，或者问问你的中国朋友和老师，看谁知道得最多。

④ 你知道下列作家的名字用汉语怎么说吗？

Shakespeare　Mark Twain　Jack London　Ernest Hemingway　O.Henry

8 阅读下列材料，并和你的同伴做问答练习。
Read the following material and do question-and-answer exercise with your partner.

话剧《茶馆》的五次演出

第一次

时间：1958 年 3 月 29 日

地点：首都剧场

记录：1956 年 12 月 2 日，老舍先生来北京人艺，在 205 会议室亲自给大家朗读新创作完成的三幕话剧《茶馆》。两年后的春天，由焦菊隐、夏淳导演的《茶馆》在京公演。

第二次

时间：1963 年 5 月

地点：首都剧场

记录：《茶馆》复排上演。

第三次

时间：1979 年 2 月

地点：首都剧场

记录：老舍先生 80 诞辰之际，北京人艺原班人马重排上演《茶馆》。次年 9 月至 11 月，北京人艺《茶馆》应邀访问西德、法国和瑞士三国，全程 50 天，访问了 15 个城市，共演出 25 场。这是中国话剧第一次走出国门。1983 年，赴日演出。1986 年赴中国香港、加拿大和新加坡演出。1988 年，《茶馆》应文汇报邀请访沪演出。那是《茶馆》演出史的最高峰。

第四次

时间：1992 年 7 月 16 日

地点：首都剧场

记录：北京人艺建院 40 周年时，于是之宣布告别舞台，老版《茶馆》完成最后的第 374 场演出后不再演出。

第五次

时间：1999 年 10 月 12 日

地点：首都剧场

记录：北京人艺以全新的导演和演员在京复排《茶馆》，到2000年3月1日，新版《茶馆》连演了71场，票房收入500万元。5月，该剧南下到南京、上海演出。

回答问题　Answer the questions

（1）话剧《茶馆》第一次演出是什么时候？

（2）这五次演出有一个什么共同点？

（3）老版《茶馆》演出了多少场？

（4）中国话剧第一次去国外演出是什么时候？

（5）北京人艺是什么时候建立的？

 读写练习　*Reading and Writing Exercises*

1 　为下列每组汉字和词语标注拼音，并译成英文。猜一猜没学过的字词的意思，并通过朋友、老师或词典来确认。

Give the *pinyin* of the following groups of Chinese characters, words and phrases and then translate them into English. Try to guess the meanings of the characters, words and phrases you haven't learned and then confirm them with the help of your friends, teachers or dictionaries.

（1）集中识字　Learn characters of the same radical group

子：孔　存　孙　学　孩

土：去　寺　地　场　在　坏　址　块　幸　坡　坐　城　埋　培
　　填　墙　境

辶：边　过　达　迅　进　远　运　还　连　近　迎　这　选　适
　　迹　迷　送　退　造　通　道　遍　追　违　返

（2）词语联想　Learn words and expressions associated in meaning

人　人口　人力　人才　人类　人们　人民　人生　人情　人品
　　人文　人性　人心　人员　人称　人间　人流　人身　人造
　　人工　人家　人证　人道　男人　女人　爱人　本人　别人
　　法人　富人　夫人　个人　工人　古人　华人　好人　坏人
　　老人　病人　商人　主人　专人　友人　游人　客人

头	头发	头顶	头脑	头晕	白头	头巾	头疼	头像
手	手指	手机	手表	手工	手迹	手模	手心	手写	手工业
	手巾	手纸	握手	双手	左手	右手	助手	举手	副手
	分手	好手	快手	拍手					
时间	小时	钟头	点	刻	分	现在	过去	将来	从前
	从来	以前	以后	刚才	已经	刚	正在	当时	古代
	近代	现代	当代	历代					

2 把第一行和第二行的汉字连线组成词。

Find a character in the second line which can be combined with a character in the first line to make a word. Draw a line to connect the two.

资　遗　组　讲　时　模　柜　伙　讽　唯　架　仍

解　台　料　一　憾　织　代　型　然　计　刺　子

3 用合适的词语填空。

Fill in the blanks with proper words or expressions.

（1）小云跳起芭蕾舞来特别漂亮，_____小燕子似的。

（2）_____了几次壁，把鼻子碰扁了。

（3）到北京旅游的时候没有时间去老舍茶馆，我总觉得是个_____。

（4）为了写好这篇关于巴金的文章，我到图书馆去查了很多_____。

（5）旅行团明天_____我们去参观清华大学。

4 选择正确的答案。_____

Choose the correct answers.

（1）小燕子是一个小美女，眼睛_____的，头发_____的，皮肤_____的，可爱极了。

　　A. 长长……大大……白白嫩嫩　　　　B. 大大……长长……白嫩

　　C. 大大……长长……白白嫩嫩　　　　D. 大……长……白嫩

（2）她因为失恋了，一会儿哭一会儿笑，_____要疯了_____。

    A. 是……的   B. 像……似的

    C. 在……中   D. 跟……有关系

（3）在北京住了五年了，我 _____喜欢北京的涮羊肉。

    A. 最   B. 更   C. 究竟   D. 不是

（4）我高中的时候个子高高的，_____很多朋友都建议我去参加篮球队。

    A. 以后   B. 当时   C. 这时候   D. 经常

（5）我去过几家咖啡馆，发现 _____这家好。

    A. 怪不得   B. 还是   C. 尤其   D. 究竟

5 连接Ⅰ和Ⅱ两部分的词语，组成句子。

Make a sentence by matching an expression in Part Ⅰ with another one in Part Ⅱ. Draw a line to connect them.

Ⅰ	Ⅱ
他的个子	去图书馆听讲座。
京剧票已经卖完了，	我还是最喜欢家乡的风味小吃。
走南闯北，	现在仍然是这样。
过去他就不喜欢读书，	那么我们去看电影吧。
学校组织我们	矮矮的。

6 用所给词语组成句子。

Make sentences with the words or expressions given.

Fore example: 说 好 他 得 汉语 很 →他汉语说得很好。

（1）的 干干净净 房间 他 的

    → _____

（2）前 上课 里 教室 静静的

    → _____

（3）想了 打算 很久 学中国画 仍然 我 去中国

    → _____

（4）我们　学的　还是　昨天　讲解　把　语法　一遍　请　再　老师
→ _____

（5）他　架子　谦虚　我们　过　这位教授　没有　看见　很　摆
→ _____

7 用所给词语造句。
Make sentences with the words or expressions given.

（1）像……似的
_____

（2）高高兴兴的
_____

（3）还是
_____

（4）仍然
_____

（5）那么
_____

8 用形容词的重叠形式变换下列句子的说法。
Change the following sentences into sentences with the duplicate form of adjectives.

（1）她有三个女儿，个个都很漂亮。
_____

（2）这座山上有很多树，看起来是绿色的。
_____

（3）他的书很干净，也不知道他有没有认真学习过。
_____

（4）一天没吃饭了，肚子很饿。
_____

（5）需要作决定的时候，他总是很犹豫。
_____

9 用上括号里的词语，把下列句子译成中文。

Translate the following sentences into Chinese, using the words or expressions in the parentheses.

（1）You don't like stage play, what do you like then?（那么）

_____

（2）The white silk looks like milk.（像……似的）

_____

（3）She has very long hair.（长）

_____

10 选择有语法错误的一项。

Choose the grammatically wrong part in each statement.

（1）<u>刚</u>学汉语的时候，我<u>还</u>不会使用"把"字句。现在，我<u>仍然</u>不会使用。

　　　A　　　　　B　　　　　C　　　　　　　　　　　D　　　（　　）

（2）<u>那时候</u> 我 <u>还</u>小，<u>因为</u> <u>不知道自己该说什么</u>。　　　　　（　　）

　　　A　　　　B　　　C　　　　　D

（3）<u>我只喜欢红色</u>，<u>把</u> 这件红色毛衣和那件黄色的 <u>比较一下</u>，

　　　　　A　　　　　　B　　　　　　　　　　　　C

我 <u>就是</u> 喜欢红色。　　　　　　　　　　　　　　　（　　）

　　　　D

（4）<u>我的妹妹</u> <u>总是</u> <u>美美丽丽</u> <u>的</u>。　　　　　　　　（　　）

　　　A　　　　B　　　C　　　D

11 选择下列词语在表述中的正确位置。

Choose the correct positions in the statements for the following words.

（1）组织

A 那个小伙子 B 各家各户 C 开 D 了一个文艺晚会。

（2）似的

她像个小麻雀 A，B 从早到晚 C 说个不停 D。

（3）仍然

A 大家 B 选王小云 C 当 D 我们班的班长。

12 从下列选项中选择一组合适的词语，把它们填入句子的合适位置。

Choose the right words or expressions from the options and then fill them in the proper positions in the sentences.

（1）他做了坏事，不敢看大家。

    A. 像……似的   B. 不 / 没有……，就……

    C. 那么

（2）表演相声不容易，咱们准备唱一首中国民歌吧。

    A. 总是   B. 还是   C. 只是

（3）关于这位作家的资料不多，我们该怎么办呢？

    A. 就   B. 还是   C. 那么

（4）她的个子高大，头却很小。

    A. 一边……，一边……   B. 又……，又……

    C. 虽然……，但是……

13 根据本课"阅读与复述"中的短文内容回答问题。

Please answer the following questions according to the passage in "Reading Comprehension and Paraphrasing" of this lesson.

（1）"我"小的时候，以为鲁迅是谁？

（2）"我"问伯父，他的鼻子为什么不跟爸爸的一样又高又直，反而是又扁又平的，伯父是如何回答的？这个回答有什么样的深意？

（3）"碰壁"、"四周围黑黑的"代表什么？

（4）爸爸和伯父是怎样帮助车夫的？为什么这件事让"我"到现在还记得很清楚？

（5）说说伯父鲁迅先生在"我"的心中是怎样的一个人。

14　回答问题，然后把你所说的写下来。
Answer the question, and then write down what you have said.

　　一位学者认为，长期看电视会影响人的逻辑思维（luójí sīwéi）能力，而看书可以培养人的逻辑思维能力。你同意这种看法吗？

15　读短文，完成下列练习。
Read the passages and do the following exercises.

（1）鲁迅和裴多菲（Péiduōfēi）

　　在北京鲁迅博物馆里，立着一座裴多菲铜像。裴多菲是匈牙利的伟大诗人。把他的作品介绍到中国来，最早是鲁迅先生。他翻译过裴多菲的七首诗，鲁迅称赞他是"诗人和英雄"。

　　鲁迅博物馆还珍藏着一本德文版的《裴多菲诗选》。这本书第18页的德文左边，用钢笔写着裴多菲的诗《自由与爱情》的中文译文：

　　　　　生命诚可贵，

　　　　　爱情价更高。

　　　　　若为自由故，

　　　　　二者皆可抛。

这本书的主人就是这首诗的译者白莽。白莽原名殷夫（1909~1931），浙江象山人。他是上个世纪三十年代的著名诗人。因为校对译文的需要，鲁迅要看德文版的《裴多菲诗选》，白莽就亲自把这本书送到鲁迅先生手里。白莽牺牲（xīshēng）以后，鲁迅先生就把这本《裴多菲诗选》珍藏起来。

回答问题　**Answer the questions**

① 裴多菲是谁？是谁最早把他的作品介绍到中国来的？

② 用你自己的话介绍一下裴多菲的《自由与爱情》。

（2）巴金简介

巴金，原名李尧棠，1904 年 11 月 25 日生于四川成都一个官宦家庭。1920 年至 1923 年在成都外国语专门学校学习英语。1923 年离开家，去上海和南京上中学。1927 年初去法国留学。同时，他第一次用笔名"巴金"发表了处女作长篇小说《灭亡》。1928 年底回到上海，从事创作和翻译。他一生创作了二十多部中长篇小说、十二本散文集、游记，大量的短篇小说和译著。他的著作被翻译成多种文字。1982 年至 1985 年，他先后获得意大利但丁国际荣誉奖、法国荣誉勋章和香港中文大学荣誉文学博士、美国文学艺术研究院名誉院士称号，并担任中国作家协会主席。2005 年 10 月 17 日，巴金因病逝世。

回答问题　**Answer the question**

用你自己的话简单介绍巴金。

（3）巴金的回顾（huígù）

我今年 87 岁，今天回顾过去，说不上失败，也谈不到成功，我只是老老实实、平平凡凡地走过这一生。我思索（sīsuǒ），我追求（zhuīqiú），我终于明白生命的意义在于奉献（fèngxiàn）而不在于享受。我在回答和平街小学同学们的信中说："我愿意再活一次，重新学习，重新工作，让我的生命开花结果。"

——摘自巴金《给家乡孩子的信》

用汉语解释下列词语　**Explain the following words in Chinese**

① 回顾：_____

② 思索：_____

③ 追求：_____

④ 奉献：_____

（4）巴金的代表作

长篇小说：《激流三部曲》——《家》、《春》、《秋》（中国现代文学史上最有名的作品之一。热情洋溢（yángyì），感动过整整一个时代的读者）；

中篇小说：《寒夜》（巴金的代表作之一）；

散文集：《随想录（5集）》、《真话集》（这两套书被誉为整个社会的"良心"）。

回答问题　Answer the question

你看过巴金的这些作品吗？如果看过，写写你的看法。如果没有，问问你中国朋友的看法，再写下来。

16　根据拼音，在电脑中输入汉字。

Input Chinese characters on computer according to the *pinyin*.

Dúshū néng péiyǎng rén de luóji sīwéi nénglì、pànduàn nénglì、tuīlǐ nénglì. Xiàndàirén yuèláiyuè duō de kào cóng guǎngbō、diànshì、wǎng shang dédào xiànchéng de xìnxī, hěn shǎo zìjǐ rènzhēn de xiǎng wèntí, ér zhǐshì bèidòng de jiēshòu, zhèyàng xiàqu, dànǎo jiù huì tuìhuà. Xiāngfǎn, dúshū búdàn kěyǐ tígāo wǒmen de zhīshi shuǐpíng, hái kěyǐ cùjìn dànǎo luóji nénglì de fāzhǎn. Suǒyǐ, wǒmen yīnggāi huídào shūfáng, yǎngchéng dúshū de hǎo xíguàn.

17 根据本课课文完成力波的日记。
Complete Libo's diary according to the texts of this lesson.

1月10日　晴

　　今天我读了鲁迅先生的小说《孔乙己》。读后有很多地方不明白，我向老师请教后，才明白了这篇小说的一些历史背景，也才明白了作者要表达的主要意思……

18 用下列词语描述一下你对读书的看法。
Use the following words and expressions to describe your opinion on reading.

读书　小说　仍然　像……似的　只有……，才……　喜欢　社会　那么

19 阅读短文，你能从短文中找出哪些信息？
Read the passage. What information can you find from it?

品茶、听戏、看京剧——老舍茶馆

　　老舍茶馆是以人民艺术家老舍先生及其名剧命名的茶馆，始建于1988年。在这古色古香、京味十足的环境里，客人每天都可以欣赏到来自曲艺、戏剧等各界名流的精彩表演，同时可以品用各类名茶、宫廷细点和应季北京风味小吃。

　　自开业以来，老舍茶馆接待了很多中外名人，比如，1994 年接待了美国前总统布什。老舍茶馆每周一至周五下午 2：00~6：00 有民乐、皮影戏表演，每周周六、周日是曲艺专场，标价 180 元、220 元。每晚 7：50~9：20 安排了京剧、曲艺、杂技、口技、双簧（shuāng-huáng）等精彩的表演，京剧主要演出剧目有《霸王别姬》、《闹天宫》、《贵妃醉酒》、《白蛇传》、《麻姑献寿》、《扈家庄》、《天女散花》、《拾玉镯》、《活捉三郎》、《跳财神》、《三岔口》、《坐宫》、《铁弓缘》等，票价：180 元、220 元、280 元、300 元、320 元、360 元、380 元不等，其主要区别在于座位离舞台的远近和包括的茶点不一样。

　　茶馆地址：前门西大街三号楼三层

　　预订电话：65526892　　65526852

20　**试着朗读并背诵下面的古诗。**
Try to read and recite the following ancient poem.

相　思	Xiāngsī
［唐］王维	［Táng］Wáng Wéi
红豆生南国，	Hóngdòu shēng nán guó,
春来发几枝？	chūn lái fā jǐ zhī?
愿君多采撷，	Yuàn jūn duō cǎixié,
此物最相思。	cǐ wù zuì xiāngsī.

买的没有卖的精

Sellers are smarter than shoppers

（复习　Review）

听说练习　Listening and Speaking Exercises

1 听问题，根据课文内容圈出正确的答案。

6
1~6

Listen to each question and circle the correct answer according to the texts.

① A. 梳子　　　B. 绣花儿的睡衣　　　C. 小镜子　　　D. 文具

② A. 98 元　　　B. 49 元　　　C. 60 元　　　D. 68 元

③ A. 98 元　　　B. 49 元　　　C. 60 元　　　D. 68 元

④ A. 她下岗了，家里生活困难　　　B. 受了一位老先生的鼓励

　　C. 她喜欢小孩子　　　D. 她不想参加工作

⑤ A. 一般　　　B. 冷淡　　　C. 文中没说　　　D. 热情

2 听对话，并判断正误。

Listen to the following dialogue and decide whether the statements are true (T) or false (F).

① 男的新买的皮包很漂亮。　　　（　　）

② 皮包是在大商场买的。　　　（　　）

③ 男的因为觉得买一送一很便宜才买的。　　　（　　）

④ 这个皮包是名牌的。　　　（　　）

⑤ 女的觉得买这个皮包是受骗了。　　　（　　）

3 听对话，回答问题。

Listen to the following dialogue and answer the questions.

① 女的要男的陪她做什么？

② 为什么女的这么着急?

_____

③ 男的认为打折的是些什么样的产品?

_____

④ 男的关于打折产品的想法对吗? 为什么?

_____

⑤ 大华商场这样打折能赚钱吗?

_____

4 听短文，并填空。
Listen to the passage and fill in the blanks.

_____，叫"从南京到北京，买的没有卖的
精"。_____很多商家_____各种方法_____，
_____让顾客觉得自己买得很值，_____，很多顾客
_____，_____觉得自己_____了。中国加入了
WTO 以后，很多世界上有名的大商家也加入了_____，北
京本地的商家也更_____了。为了让消费者买到
_____的商品，商家_____讲求商品的质量，_____
讲究良好的服务态度。_____，现在在北京买东西，不用
再担心"_____"了，现在"_____"。

5 听句子，写汉字。
Listen to the sentences and write characters.

① _____

② _____

③ _____

④ _____

⑤ _____

6 角色扮演。
Role-play.

Listen to and imitate the dialogues together with your partner. Try to get the meaning of the dialogues with the help of your friends, teachers or dictionaries.

7 文化体验。
Culture experience.

① 你喜欢逛街买东西吗？你觉得什么时候最有意思？是东看看西看看的时候，是跟老板砍价的时候，还是最后用很低的价格买到自己非常喜欢的商品的时候呢？

② 你有没有在中国或别的国家买过东西？谈谈当时的感觉。

③ 如果你去中国，你会砍价吗？让你的中国朋友或老师教你一些方法吧。

8 阅读下列材料，你能从材料中找出哪些信息？
Read the following material. What information can you find from it?

孔乙己酒店（后海店）

地　　址	北京市西城区什刹海后海南岸
交通方式	乘55路德内大街下车过小石桥往东50米
联系电话	66184915
营业时间	10：30~22：00
价位级别	￥￥
综合级别	★★★★★
客容量	200人
服务费	无
最低消费	无
停车位	有，10个
是否可预订	是

续表

开店日期	1999 年 10 月
是否外送	是
包　间	有，7 间
洗手间	有
刷　卡	是
消费要求	无
店家推荐	茴香豆：8 元 / 盘　　　甜藕：25 元 / 盘　　　醉虾：70 元 / 份　　　枪蟹：88 元 / 份 炸臭豆腐：25 元 / 份　西湖醋鱼：42 元 / 份　干菜焖肉：42 元 / 盘 乾隆排骨：15 元 / 块　东坡肉：8 元 / 块　　油焖鲜笋：42 元 / 盘

 读写练习　Reading and Writing Exercises

1　为下列每组汉字和词语标注拼音，并译成英文。猜一猜没学过的字词的意思，并通过朋友、老师或词典来确认。

Give the *pinyin* of the following groups of Chinese characters, words and phrases and then translate them into English. Try to guess the meanings of the characters, words and phrases you haven't learned and then confirm them with the help of your friends, teachers or dictionaries.

（1）集中识字　Learn characters of the same radical group

贝：财　贤　账　货　贫　贵　贴　贷　贸　费　贺　资　赚　赔　赞

走：赶　起　越　超　趣　趟

禾：利　和　季　种　秋　科　租　程　秧　积　称　移　稳　穆

（2）词语联想　Learn words and expressions associated in meaning

商	商业	商店	商场	商城	商人	商务	商船
	商号	商行	商会	商界	商旅	商贸	商品
	商检	商标	商情	商品房	商品经济		商量
	商议	商谈	商定				

价	价钱	价目	价款	价码	半价	比价	报价
	差价	单价	定价	物价	市价	买价	卖价
	高价	低价	进价	售价	等价	总价	压价
	还价	议价	代价	砍价	原价	特价	牌价
	货真价实		讨价还价				
衣	衣服	衣架	衣柜	白衣	衬衣	大衣	上衣
	风衣	毛衣	内衣	皮衣	外衣	睡衣	雨衣
	羽绒衣						
货	货物	货单	货车	货船	货价	货款	货样
	货主	百货	订货	发货	国货	黑货	交货
	进货	南货	年货	期货	山货	提货	退货
	现货	杂货	装货	卸货	运货	洋货	
	售货员						

2 把第一行和第二行的汉字连线组成词。

Find a character in the second line which can be combined with a character in the first line to make a word. Draw a line to connect the two.

绣　直　熊　适　质　挑　随　砍　赔　上　文　下　连　信　从

来　选　量　具　岗　花　接　锁　心　价　便　本　当　猫　合

3 用合适的词语填空。

Fill in the blanks with proper words or expressions.

（1）我_____遍了上海各大书店，也没有买到你想要买的那本书，

　　　最后还_____在一个小书摊上发现的。

（2）这件衣服非常_____秋天穿。

（3）这家摊子上的小镜子很多，我不知道该_____哪一个。

（4）在大商店买东西一般不能_____价。

（5）小张考试总是比小王好，小王有信心下次_____她。

4 选择正确的答案。
Choose the correct answers.

（1）我从毕业以后就在这个学校工作，从来_____想过要换一个地方。

    A. 不   B. 没   C. 就   D. 不能

（2）我_____没有像现在这样有信心学好汉语。

    A. 本来   B. 将来   C. 从来   D. 未来

（3）请帮我看_____还有没有去北京的飞机票。

    A. 一下子   B. 一下   C. 一会儿   D. 一样

（4）听到这个坏消息，他_____就晕了过去。

    A. 一下子   B. 一下   C. 一会儿   D. 一样

（5）别的店生意都越来越好，_____这家超市总是赔本。

    A. 才   B. 只   C. 就   D. 却

5 连接 I 和 II 两部分的词语，组成句子。
Make a sentence by matching an expression in Part I with another one in Part II. Draw a line to connect them.

I	II
非常可惜，	传遍千家万户。
宿舍楼的附近	没说过那样的话。
好消息	有一位老大爷替我们保管自行车。
你把这封信	我失去了这个好机会。
我从来	直接交给总经理。

6 用所给词语组成句子。
Make sentences with the words or expressions given.

For example: 说 好 他 得 汉语 很 → 他汉语说得很好。

（1）老师 时候 检查课外练习 检查 就 了 我们 的 两个人的

    → _____

（2）没有 不 好的学习态度 就 成绩 可能 好的 有 学习

→ _____

（3）跑 遍 搜集 世界 他 一千多种 各地 到 了 明信片 不同的

→ _____

（4）时候 过年 的 一下子 热闹 起来 家里 了

→ _____

（5）质量 这种 的 那种 好 没有 卡车

→ _____

7 用所给词语造句。
Make sentences with the words or expressions given.

（1）不比

_____

（2）没有……质量好

_____

（3）跟……不一样

_____

（4）一天比一天

_____

8 用上括号里的结构或词语，把下列句子译成中文。
Translate the following sentences into Chinese, using the structure or words given in the parentheses.

（1）He can write beautiful Chinese characters.（with a complement of state）

_____

（2）I looked the entire book up, but I did not find the answers.（V＋遍）

_____

（3）Please let me have a look at the Chinese painting.（一下）

_____

（4）She loved him at one blow.（一下子）

_____

9 选择有语法错误的一项。
Choose the grammatically wrong part in each statement.

（1）<u>学习一门外语</u>，<u>不是</u> <u>一会儿</u> <u>就</u> 能学好的，要经过长期的努力。
　　　　　　A　　　　　B　　　C　D　　　　　　　　　　　　（　　）

（2）他 <u>正在</u> <u>骑车</u> <u>追了追</u> 他，<u>没有追上</u>。　　　　　　　　（　　）
　　　　 A　　 B　　 C　　　　　　D

（3）他 <u>高高兴兴地</u> <u>做得完</u> 今天的练习。　　　　　　　　　　（　　）
　　 A　　B　　　　　C　　　　　D

（4）<u>大为的太极拳</u> <u>打</u> <u>好</u> <u>不好</u>?　　　　　　　　　　　　（　　）
　　　　A　　　　　B　C　D

10 选择下列词语在表述中的正确位置。
Choose the correct positions in the statements for the following words or phrases.

（1）从来

　　A我B没C绣过D花儿。

（2）这么

　　奶奶A练太极剑练了B两年多了，C身体从来没D好过。

（3）一下子

　　A刚才天空B还是晴朗的，C就下起了D大雷雨。

（4）遍

　　我们找A整个学校B，也没C找D到力波。

11 从下列选项中选择一组合适的词语，把它们填入句子的合适位置。
Choose the right expressions from the options and then fill them in the proper positions in the sentences.

（1）胖阿姨摆了个小摊子，开了个文具店。

　　A.一……，就……　　　　　　B.先……，然后……

　　C.既……，又……

（2）现在最发愁的顾客，那些商店的老板们，他们愁的是商品卖不出去。

    A. 不是……，就是……　　　　　B. 不是……，而是……

    C. 不是……，也不是……

（3）去北京秀水街买东西，你一定要学会砍价。

    A. 要是……，就……　　　　　B. 因为……，所以……

    C. 即使……，也……

（4）你跑遍了北京城，买不到这么物美价廉的衣服了。

    A. 就是……，也……　　　　　B. 因为……，所以……

    C. 要是……，就……

12 根据本课"阅读与复述"中的短文内容判断正误。

Decide whether the following statements are true (T) or false (F) according to the passage in "Reading Comprehension and Paraphrasing" of this lesson.

（1）改革开放以前，顾客常发愁有钱买不到东西。　　　　　（　　）

（2）改革开放以前，北京最大的商店是秀水街商店。　　　　（　　）

（3）改革开放以前，买东西常常凭各式各样的票。　　　　　（　　）

（4）现在最发愁的是商店的老板们，愁的是商品卖不出去。（　　）

（5）现在中国还是没有外国人开的商场。　　　　　　　　　（　　）

13 回答问题，然后把你所说的写下来。

Answer the question, and then write down what you have said.

谈谈你忘不了的一次买东西的经历。

14 读短文，完成下列练习。
Read the passages and do the following exercises.

（1）百 货

　　传说，"百货"这个名称是从"万货"变来的。在清朝的时候，江南有一家杂货店，货物很齐全，生意也很好。老板给自己的商店挂了一块招牌，叫"万货全"。

　　有一天，乾隆皇帝来到这个小镇。他看到这家挂着"万货全"的商店，觉得有意思。他就走进店里，故意问老板："老板，我要买一个粪叉子，有吗？"你不知道什么是粪叉子吧？它就是农民用来捡粪的工具。乾隆以为这样的小工具，商店一定不会有。想不到，商店还真有，小伙计把粪叉子拿过来，请乾隆挑选。乾隆说："我不要铁做的，我要金子做的。"小伙计心想：粪叉子哪有用金子做的？这位顾客一定不是来买粪叉子的。他连忙请老板出来。老板很客气地说："先生，您要的金粪叉子小店确实没有，请多多原谅。"

　　乾隆指着商店的招牌说："你这儿写的不是'万货全'吗？"

　　老板一下子说不出话来了，他连忙让小伙计把"万货全"的招牌拿下来，还笑着说："今后我们小店不敢叫'万货全'了，我想请先生给小店起个名字。"

　　乾隆笑了笑，随口说："就叫'百货全'吧，你看怎么样？"

　　"好，好，'百货全'很好。"老板点头说。

　　后来，老板知道这位顾客是乾隆皇帝，他就做了一块金光闪闪的"百货全"招牌，还说这是皇帝给他们起的店名。从此，"百货商店"的名称就传遍了大江南北。

回答问题　Answer the question

用你自己的话写写"百货商店"这个名称是怎么来的。

（2）秀水街

北京秀水街市场在使馆区附近，是国内外闻名的商品市场之一。它是1980年开始出现的。上个世纪八九十年代，秀水街市场共有二百五十多个摊位，其中80%是卖服装的。做服装生意的差不多有一千人左右，大部分是从江苏、浙江来的。秀水市场附近有很多使馆，外国顾客比较多，因此它又被叫做"使馆街"。

那时到过"秀水街"的人都知道，这条小街不像它的名字那样"清秀如水"。它既狭窄又拥挤，听到的都是外地口音和外国话的叫卖声、讨价还价声。这条过去有名的卖中国丝绸的老北京街，成为当时外地人、外国游客到北京旅游的必去之地。

如今，秀水街已变成一个"百货大楼"，有1500个摊位，既文明又时尚，成为世界各国旅游者的购物天堂。

回答问题　Answer the questions

① 秀水街在哪儿？为什么又被叫做"使馆街"？

② 你去过秀水街吗？写写你对秀水街的印象。

（3）苏　绣

苏绣是苏州和它附近地方刺绣产品的总称（zǒngchēng），是中国四大名绣之一。苏绣有两千多年的历史了。中国江南地区出产蚕桑，人们常说"家家养蚕，户户刺绣"。苏州一带，刺绣是老百姓的副业（fùyè）。产品主要是用来做室内装饰品（zhuāngshìpǐn）。清代皇帝都很喜欢苏州刺绣。刺绣艺人（yìrén）沈云芝创造了"仿真绣"，她的刺绣作品国内外都很有名。

用汉语解释下列词语 Explain the following words in Chinese

① 总称：_____

② 副业：_____

③ 装饰品：_____

④ 艺人：_____

15 根据拼音，在电脑中输入汉字。
Input Chinese characters on computer according to the *pinyin*.

Gǎigé kāifàng yǐqián, zài Zhōngguó guónèi hěn shǎo néng kàndào wàiguó jìnkǒu de chǎnpǐn. Zuìjìn sānshí nián lái, yóuqí shì Zhōngguó jiārùle WTO yǐhòu, lǎobǎixìng xīnxǐ de fāxiàn, shìchǎng shang yǐjing yǒule gèzhǒng gèyàng de wàiguó chǎnpǐn. Yǐqián Zhōngguórén kàn de zuì duō de wàiguó chǎnpǐn jiùshì Rìběn de diànqì. Xiànzài, búdàn Rìběn de, Hánguó、Měiguó、Yīngguó、Fǎguó、Déguó de chǎnpǐn yě néng zài Zhōngguó shìchǎng shang mǎidào le. Zhōngguórén mǎi dōngxi de xuǎnzé yuèláiyuè duō le.

16 根据本课课文完成林娜的日记。
Complete Lin Na's diary according to the texts of this lesson.

1 月 10 日　晴

　　今天我跟小云去逛街，本来是要买一台笔记本电脑的，可是同一品牌的电脑，在不同的商店里价格却差得很多。有一家报的价钱是 4899 元，另一家却要 5299 元，我就不明白了……

17 用下列词语描述一下你的一次购物经历。

Use the following words and expressions to describe one of your shopping experiences.

购物　逛街　砍价　走遍　各大商场　价格很贵　要是……，就……

从来　就

18 阅读下列材料，你能说出这是什么吗？从材料中你能知道什么？

Read the following information. Can you tell what it is? What do you know from it?

中友百货惊喜购物礼（7月21日——8月15日）

惊喜购物礼（由此活动产生的偶然所得税由顾客本人自行交纳）活动期间，一次购物满200元可凭当日购物小票至2楼西长廊赠奖中心参加抽奖活动

一等奖：1名　　奖品为价值4800元的香港、澳门五日游免费券一张
二等奖：2名　　奖品为价值2800元的纯金箔画一幅
三等奖：150名　奖品为书画作品一幅

1层：
鞋包区3~6折：莱尔斯丹、百丽、锐步、暇步士、千百度、FED等

B1层、5层：
男装、运动装、男士用品全场7折
持中友卡消费再享受9.5折优惠，持中友银卡消费再享受9折优惠（特例商品除外）

5层：
好来西夏装1~3折超值热卖，满100元减30元（特例商品除外）

6层：
生活用品全场8折（特例商品除外）
运动服饰特卖3折起，品牌有：耐克、阿迪达斯、锐步、匡威、纽巴伦、彪马等

19 试着朗读并背诵下面的古诗。

Try to read and recite the following ancient poem.

芙蓉楼送辛渐

［唐］王昌龄

寒雨连江夜入吴，

平明送客楚山孤。

洛阳亲友如相问，

一片冰心在玉壶。

Fúróng Lóu Sòng Xīn Jiàn

［Táng］Wáng Chānglíng

Hán yǔ lián jiāng yè rù Wú,

pīngmíng sòng kè Chǔ Shān gū.

Luòyáng qīnyǒu rú xiāng wèn,

yí piàn bīng xīn zài yù hú.

马大为求职

Ma Dawei seeks employment

听说练习 Listening and Speaking Exercises

1 听问题，根据课文内容圈出正确的答案。

Listen to each question and circle the correct answer according to the texts.

① A. 张 　　　　B. 钱 　　　　C. 马 　　　　D. 陆

② A. 市场开发部经理 　　　　　　B. 总经理

　　C. 商务代表 　　　　　　　　D. 秘书

③ A. 工商管理 　　B. 文学 　　C. 汉学 　　D. 历史

④ A. 汉语 　　　B. 英语 　　C. 法语 　　D. 德语

⑤ A. 中国历史 　　B. 中国文化 　　C. 中医 　　D. 中国文学

2 听对话，并判断正误。

Listen to the following dialogues and decide whether the statements are true (T) or false (F).

对话 1　Dialogue 1：

① 男的上个星期在电视上看到了一个招聘广告。　　　　（　　）

② 招聘的公司是一个中国公司。　　　　　　　　　　（　　）

③ 这个公司要招聘市场经理。　　　　　　　　　　　（　　）

④ 面试的经理对男的很满意。　　　　　　　　　　　（　　）

⑤ 这个经理已经决定让男的去工作了。　　　　　　　（　　）

对话 2　Dialogue 2：

① 男的昨天没有去面试。　　　　　　　　　　　　　（　　）

② 男的要面试的是市场开发部经理。　　　　　　　　（　　）

③ 男的对自己去面试没有什么信心。　　　　　　　　（　　）

④ 公司面试他们的人只有三个。 （ ）

⑤ 男的以前做过市场开发的工作。 （ ）

3 听短文，并填空。
Listen to the passage and fill in the blanks.

这些年中国的大学教育发展得特别快，＿＿＿＿＿＿＿＿的人在
＿＿＿＿＿＿＿＿＿＿＿＿＿＿，这也为＿＿＿＿＿＿＿带来了很大的困难。
一般地说，＿＿＿＿＿＿于＿＿＿＿＿＿＿、重点专业的学生，＿＿＿
＿＿＿＿＿那些成绩好、有＿＿＿＿＿＿的大学毕业生，＿＿＿＿＿＿
的欢迎；那些一般专业、没有读过研究生又＿＿＿＿＿＿＿＿＿＿
＿＿＿＿＿＿的人，要找到理想的工作就＿＿＿＿＿＿＿。国家希
望青年毕业生＿＿＿＿＿＿＿＿＿选择职业，＿＿＿＿＿＿希
望大学生参加＿＿＿＿＿＿＿＿＿，＿＿＿＿＿＿＿＿＿＿＿，
自己也有更大的＿＿＿＿＿＿＿。

4 听句子，写汉字。
Listen to the sentences and write characters.

① ＿＿＿＿＿＿＿＿＿＿＿＿＿＿＿＿＿＿＿＿＿

② ＿＿＿＿＿＿＿＿＿＿＿＿＿＿＿＿＿＿＿＿＿

③ ＿＿＿＿＿＿＿＿＿＿＿＿＿＿＿＿＿＿＿＿＿

④ ＿＿＿＿＿＿＿＿＿＿＿＿＿＿＿＿＿＿＿＿＿

⑤ ＿＿＿＿＿＿＿＿＿＿＿＿＿＿＿＿＿＿＿＿＿

5 角色扮演。
Role-play.

Listen to and imitate the dialogues together with your partner. Try to get the meaning of the dialogues with the help of your friends, teachers or dictionaries.

6 文化体验。
Culture experience.

① 你有找工作的经验吗？你认为找工作的时候，尤其是面试的时候，哪些方面能决定你能不能成功？（比如诚信、热情、谦虚、自信、能力等）

② 有人认为，求职面试的时候，外表（样子、衣服）很重要。你觉得呢？跟你的朋友讨论一下你的看法。

③ 从我们学过的课文里，你知道中国的年轻人选择工作的标准有哪些吗？跟你们国家年轻人选择工作的标准比一比，哪些地方一样，哪些地方不一样呢？

7 阅读下面的公告，并和你的同伴做问答练习。
Read the following announcement. Do question-and-answer exercise with your partner.

2012 年国展北京地区大型人才招聘会

时间	2012 年 8 月 16~17 日	地点	中国国际展览中心
主办单位	北京斯博人才公司	规模	大会拟设展位 600 个

协办单位 北京长安人才服务中心 中国贸促会人才交流中心

北京万行通人才交流中心

北京东方汇佳人力资源有限公司

电话 66122580 67176051 87612588 68315770 68030685

网络支持 www.114job.com.cn www.btgjob.com

个人票价 10 元

本次大会经北京市人事局批准

回答问题 **Answer the questions**

① 这是关于什么的活动？

② 除了打电话以外，你还可以用什么方法了解活动的情况？

③ 这个活动是免费的吗？

④ 这个活动在什么时候举行？

⑤ 什么公司主办这次活动？

读写练习 Reading and Writing Exercises

1 为下列每组汉字和词语标注拼音，并译成英文。猜一猜没学过的字词的意思，并通过朋友、老师或词典来确认。

Give the *pinyin* of the following groups of Chinese characters, words and phrases and then translate them into English. Try to guess the meanings of the characters, words and phrases you haven't learned and then confirm them with the help of your friends, teachers or dictionaries.

（1）集中识字　Learn characters of the same radical group

人： 个　介　从　今　以　令　全　会　合　企　余　舍　命　拿

盒　舒　众（zhòng）　伞（sǎn）

阝： 队　阳　阴　际　陆　阿　陈　附　除　院　陪　随　隐　防

险　邦　那　邮　邻　郎　郊　都　部

刂： 刚　创　别　判　刻　剑　剧　副　到　制

（2）词语联想　Learn words and expressions associated in meaning

贵	贵姓	贵客	贵人	贵重	贵厂	贵校	贵州
	宝贵	富贵	名贵	高贵	珍贵	尊贵	华贵
	可贵						

重	重大	重地	重点	重读	重活	重价	重量
	重视	重心	重要	重音	重用	保重	超重
	敬重	尊重	看重	轻重	重工业	体重	严重
	稳重						

轻	轻便	轻活	轻快	轻声	轻视	轻松	轻舟
	轻装	轻信	轻易	轻微	轻慢	轻骑	轻水
	轻音乐	年轻	看轻	手轻	轻工业	轻手轻脚	
简	简便	简称	简单	简短	简化	简历	简练
	简明	简易	简朴	简要	简写	简装	简章
	简直	简体字	从简	精简			
职	职别	职称	职工	职能	职守	职位	职务
	职业	职员	职责	公职	文职	天职	专职
	在职	称职	辞职	离职	求职	停职	正职
	副职	就职	失职	降职			

（3）猜字谜　Character riddle

小两口接吻

（The key is a Chinese character.）

2 把第一行和第二行的汉字连线组成词。

Find a character in the second line which can be combined with a character in the first line to make a word. Draw a line to connect the two.

诚　电　辞　精　负　业　申　无　签　成　考　经　工　进　秘

请　神　书　虑　商　挚　子　务　订　验　修　职　责　论　为

3 用合适的词语填空。

Fill in the blanks with proper words or expressions.

（1）现在，大学生毕业以后_____很困难，用人单位总是喜欢要有

工作_____的人。

（2）我_____我们班的同学向老师_____开这两门专业课。

（3）他_____了很久，才决定到北京_____中国历史。

（4）我来_____跟_____公司联系一下业务问题的。

（5）经过很短的时间，大为就_____了这儿的生活习惯。

4 选择正确的答案。
Choose the correct answers.

（1）＿＿＿＿＿＿＿公司决定聘请马大为为销售部经理，请大家欢迎马先生讲话。

　　　A. 这家　　　　B. 那家　　　　C. 本家　　　　D. 本

（2）小燕子＿＿＿＿＿＿＿要求去西部工作。

　　　A. 这个人　　　B. 那个人　　　C. 本人　　　　D. 本

（3）他毕业＿＿＿＿＿＿＿北京大学历史系。

　　　A. 在　　　　　B. 于　　　　　C. 由　　　　　D. 从

（4）＿＿＿＿＿＿＿我们怎样跟他开玩笑，他都不说一句话。

　　　A. 无论　　　　B. 即使　　　　C. 要是　　　　D. 就是

（5）＿＿＿＿＿＿＿你的汉语水平，你不适合做这个工作。

　　　A. 因为　　　　B. 从　　　　　C. 靠　　　　　D. 根据

5 连接 I 和 II 两部分的词语，组成句子。
Make a sentence by matching an expression in Part I with another one in Part II. Draw a line to connect them.

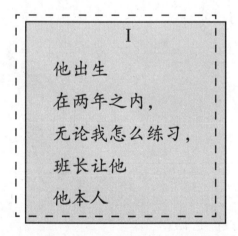

I

他出生

在两年之内，

无论我怎么练习，

班长让他

他本人

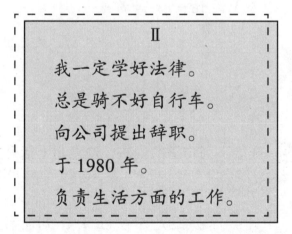

II

我一定学好法律。

总是骑不好自行车。

向公司提出辞职。

于 1980 年。

负责生活方面的工作。

6 用所给词语组成句子。
Make sentences with the words or expressions given.

For example: 说　好　他　得　汉语　很 → 他汉语说得很好

（1）公司　份　他　这　签订　同意　合同　没有

　　　→ ＿＿＿＿＿＿＿＿＿＿＿＿＿＿＿＿＿＿＿＿＿＿＿

（2）学校　规定　禁止　根据　在　内　吸烟　宿舍楼

　　　→ ＿＿＿＿＿＿＿＿＿＿＿＿＿＿＿＿＿＿＿＿＿＿＿

（3）9月4日 将于 俄罗斯 王经理 出差 到

→ _____

（4）竞争 经理 为了 需要 有 精神 的 成功 创新 在 中

→ _____

7 用所给词语造句。
Make sentences with the words or expressions given.

（1）于（Prep）

_____

（2）成为

_____

（3）根据（Prep）

_____

（4）是（"是" sentence 3）

_____

（5）无论……，都……

_____

（6）一切

_____

8 变换下列句子的说法，注意用上括号里的词语。
Change the following sentences into sentences with the words or expressions in the parentheses.

（1）你去还是不去上海，到时候要给我打个电话。

（无论……，都／也……）

_____

（2）这药很苦，为了治好你的病，你要把它吃下去。

（无论……，都／也……）

_____

（3）他实在太累了，你就让他多休息一会儿吧。（是）

_____

（4）我这次到中国来进修，不打算旅游。（是）

_____

（5）他 2008 年在北京语言学院汉语系毕业。（于）

_____

9 用上括号里的词语，把下列句子译成中文。

Translate the following sentences into Chinese, using the words or expressions in the parentheses.

（1）According to the cookbook, you should add some milk to the cake.（根据）

_____

（2）The small car is made in China.（于）

_____

（3）I think nobody can write a book in one day.（在……之内）

_____

（4）Whether it rains or not, I will not change my mind to go to the mountain.（无论）

_____

（5）I am interested in everything here.（一切）

_____

10 选择有语法错误的一项。

Choose the grammatically wrong part in each statement.

（1）无论 谁 组织的聚会，我 就 参加。　　　　　　（　　）
　　　 A　 B　 C　　　　　　 D

（2）无论 很忙，我 也要 去听周杰伦的演唱会。　　（　　）
　　　 A　 B　　 C　 D

（3）我来这里 是 学汉语的，没有 学韩语。　　　　（　　）
　　　　　　 A　 B　　　 C　 D

（4）爸爸妈妈 希望 把 他 成为 一个律师。　　　　（　　）
　　　　　　 A　 B　 C　 D

11 选择下列词语在表述中的正确位置。

Choose the correct positions in the statements for the following words.

（1）本

A 我 B 人向考上 C 大学的 D 同学们表示祝贺。

（2）贵

我是来向 A 公司 B 总经理联系 C 市场开发 D 业务的。

（3）根据

A 我们 B 不能没有 C 就说 D 这么做是错误的。

（4）于

A 这种植物 B 生长 C 严寒的 D 东北地区。

（5）代表

A 他将 B 全体 C 毕业生上台 D 讲话。

12 从下列选项中选择一组合适的词语，把它们填入句子的合适位置。

Choose the right expressions from the options and then fill them in the proper positions in the sentences.

（1）公司经理发现他对业务很熟悉，有丰富的工作经验。

A. 因为……，所以……　　　　B. 即使……，都……

C. 不但……，而且……

（2）你想去西藏旅行，最好先检查一下身体，因为那里是很高的高原。

A. 如果……，就……　　　　B. 因为……，所以……

C. 虽然……，但是……

（3）我到了中国，首先要去爬万里长城。

A. 虽然……，但是……　　　　B. 无论……，都……

C. 要是……，就……

（4）你认识了许多个汉字，你的口语还是不怎么流利。

A. 尽管……，但是……　　　　B. 因为……，所以……

C. 不但……，而且……

（5）毕业后我找得到找不到合适的工作，不打算马上就考研究生。

A.如果……，就……   B.即使……，也……

C.无论……，都……

13 根据本课"阅读与复述"中的短文内容判断正误。
Decide whether the following statements are true (T) or false (F) according to the passage in "Reading Comprehension and Paraphrasing" of this lesson.

（1）邻居老王是退休老干部。   （   ）

（2）老王的两个孩子都是大学本科毕业。   （   ）

（3）老王的儿子学的是计算机专业。   （   ）

（4）工商银行要招的人数比人民银行少。   （   ）

（5）老王的侄女在老王的帮助下在市工商银行找到了工作。 （   ）

14 回答问题，然后把你所说的写下来。
Answer the following question, and then write down what you have said.

　　跟你的朋友谈谈求职的经验。看看在不同的国家求职的时候有什么不同的问题要回答，比如年龄、身体状况、收入、婚姻状况等。

15 读短文，完成下列练习。
Read the passages and do the following exercises.

（1）个人简历

姓名：马大为

性别：男

学历：工商管理学士

个人情况：

2007 年毕业于美国 ABC 商学院工商管理专业，获学士学位。同年在加拿大进出口贸易公司工作，负责远东地区业务。2009 年晋升为商务代表，主管与中国方面的业务。由于工作认真负责，有开拓精神，深受公司领导的好评和中方的欢迎。为了提高汉语水平和了解中国文化，本人于 2010 年辞去公司工作，到北京语言学院进修汉语和中国现代文学。

本人在中国生活将近两年，汉语口语流利，熟悉工商管理业务，有一定的工作经验和较强的组织能力，曾负责过各种业务谈判。本人的认真负责的敬业精神得到了领导和同事的认可。

生词　New Words

① 晋升　　　　jìnshēng　　　　V　　　　promote

② 开拓　　　　kāituò　　　　V　　　　pioneer

回答问题　Answer the questions

① 马大为毕业于什么学校？他的专业是什么？

② 他为什么要来中国学习？他在中国学习什么？

③ 你觉得他最大的特点是什么？

（2）网上招聘广告

招聘职位：进出口及物流协调员

专业要求：外贸、英语、物流	招聘类别：全职
最低学历要求：本科	性别要求：不限
年龄要求：23-28 岁	工作年限：不限
户口要求：不限	月工资水平：4000 至 6000（或面议）
招聘人数：3 人	工作地点：上海市浦东新区

招聘信息具体要求：

工作概要：执行客户合同，按规定的流程、操作规范和质量控制标准处理客户指令。

工作说明：

A. 熟悉、掌握操作流程、规范和质量控制标准。

B. 接收客户指令，按照合同规定、操作流程和规范、质量控制标准处理客户指令。

C. 向仓储、配送部门下达客户指令，跟踪指令完成情况。

D. 与客户进行必要的协调，解决指令执行过程中出现的问题。

E. 编制操作报告。

招聘职位：操作部文秘

专业要求：不限	招聘类别：全职
最低学历要求：本科	性别要求：女
年龄要求：23~28 岁	工作年限：不限
户口要求：不限	月工资水平：3500 至 5000（或面议）
招聘人数：2 人	工作地点：北京市高新技术园区

招聘信息具体要求：

A. 按照公司档案管理制度，负责操作部的文件、档案、资料的收集、整理、归档、保存、查阅等工作。

B. 负责起草、录入操作部的日报、普通文件，包括通知、决议、礼仪性信件等，按规定程序批准后下发。

C. 负责安排操作部的会议，下发会议通知，准备会议所需资料，会议记录，编写会议纪要等。

D. 负责安排操作部成员对外会面。

E. 安排操作部员工出差事宜。

F. 完成操作部经理安排的其他工作。

<u>招聘职位：财务经理</u>

专业要求：财务会计 招聘类别：全职

最低学历要求：硕士 性别要求：不限

年龄要求：25~40 岁 工作年限：2 年以上

户口要求：不限 工资水平：6000 至 8000（或面议）

招聘人数：1 人 工作地点：北京市海淀区学院路

招聘信息具体要求：

A. 掌握财务会计学、财务管理、审计、统计、企业管理、税法等专业知识。

B. 熟练使用 WORD、EXCEL 等办公软件。

C. 熟练使用财务软件。

D. 有较强的组织、计划和独立工作能力。

<u>回答问题</u> **Answer the questions**

① 哪个招聘职位必须是女性？

② 哪个职位的工资最高？

③ 向别的单位写祝贺信，是哪个职位的工作？

④ 这三张广告一共招聘多少人？

（3）签订房租合同（fángzū hétong）

签订房租合同应尽量使用全国统一示范文本，如果是经过批准使用自行印制的合同文本，房租合同应该包括以下主要条款（tiáokuǎn）：

A. 房租合同双方当事人（dāngshìrén）的姓名和住所、房屋名称和地址。

B. 房屋间数。

C. 由于租住一般时间较长，必须考虑到自然原因或正常使用造成损耗（sǔnhào），并规定合理的标准，作为返还和区分责任的依据。

D. 承租人必须如实告诉对方租房的目的和用途。

E. 租赁期限（zūlìn qīxiàn）。租赁期限可按年计算，也可按月计算。

F. 维修和保养责任。一般情况下，大修应由出租人负责，日常保养和维修由承租人负责。

G. 租金的支付方式和限期。租金标准和期限如有统一标准的，按统一标准执行。一般需付三个月的押金。如果没有统一标准，也可双方商定。

H. 违约责任（wéiyuē zérèn）。在合同中，应明确违约责任的承担。规定违约责任，可促使当事人双方严格按合同规定或约定履行各自的义务，同时也便于当事人、仲裁机构、人民法院区分责任时有所遵循。

I. 合同纠纷解决方式。

J. 其他约定事项（如水费、电费、电话费、煤气费交付情况等）。

用汉语解释下列词语　Explain the following words in Chinese

① 房租合同：＿＿＿＿＿＿＿＿＿＿＿＿＿＿＿＿＿

② 条款：＿＿＿＿＿＿＿＿＿＿＿＿＿＿＿＿＿＿＿

③ 当事人：＿＿＿＿＿＿＿＿＿＿＿＿＿＿＿＿＿＿

④ 损耗：＿＿＿＿＿＿＿＿＿＿＿＿＿＿＿＿＿＿＿

⑤ 租赁期限：＿＿＿＿＿＿＿＿＿＿＿＿＿＿＿＿＿

⑥ 违约责任：＿＿＿＿＿＿＿＿＿＿＿＿＿＿＿＿＿

16 根据拼音，在电脑中输入汉字。
Input Chinese characters on computer according to the *pinyin*.

Xiànzài, Zhōngguó de dàxuéshēng yuèláiyuè duō, kěshì, měi ge dānwèi xūyào de rén, yìbān yuèláiyuè shǎo. Zhèyàng jiù gěi bìyèshēng qiúzhí dàiláile yídìng de kùnnan.

Yǐqián běnkē bìyèshēng jiù nénggòu zuò de mìshū、bàngōngshì zhíyuán de gōngzuò,

xiànzài hěn duō què yāoqiú yǒu yánjiūshēng de xuélì.

17 根据本课课文完成小云的日记。
Complete Xiaoyun's diary according to the texts of this lesson.

7月10日　晴

　　明天就要去面试了，我今天一整天都很紧张，找了很多有经验的朋友仔细了解了一下面试的情况，他们告诉我……

18 用下列词语描述一次你找工作的经历。
Use the following words, phrases and expressions from the following list to describe one of your experiences of job-hunting.

面试　衣着得体　言谈合理　有自信　真诚　在……之内　根据

成为　一切　是　无论……，都……　于

19 下列材料是一份简历，模仿它写一份自己的中文简历。可向你的中国朋友或老师寻求帮助。

The following material is a resume. Imitate it and write your Chinese resume. You can ask your Chinese friends or teachers to help you.

简　历

姓名　李小平	性别　女	年龄　22

联系方式　13903154680（手机）　　　　　62217900（家里）
lixiaoping@sina. com（电子邮箱）

教育背景

2008.9~2012.7	北京语言学院	对外汉语专业
2005.9~2008.7	北京第55中学	高中

工作经历

2009年暑假　　北京语言学院留学生办公室，负责留学生的招生工作
2010年至今　　飞龙语言中心，教授留学生汉语口语和HSK语法

专业技能

英语能力：英语专业证书　　8级
计算机能力：计算机等级证书　　2级

个人总结

认真负责，有耐心。有较好的理解能力和学习能力，善于在压力下工作。有很好的团体合作精神，易于沟通交流。对工作有热情。性格开朗。

20 试着朗读并背诵下面的古诗。
Try to read and recite the following ancient poem.

赠　别	Zèng Bié
［唐］杜牧	［Táng］Dù Mù
多情却似总无情，	Duō qíng què sì zǒng wú qíng,
唯觉尊前笑不成。	wéi jué zūn qián xiào bù chéng.
蜡烛有心还惜别，	Làzhú yǒu xīn hái xībié,
替人垂泪到天明。	tì rén chuí lèi dào tiān míng.

现在谁最累

Who is the most tired now

听说练习 Listening and Speaking Exercises

8
1~6

1 听问题，根据课文内容圈出正确的答案。
Listen to each question and circle the correct answer according to the texts.

① A. 去动物园玩儿　　　　　　B. 上英语辅导班

　　C. 上书法学习班　　　　　　D. 上电脑辅导班

② A. 到公司上班的人　　　　　　B. 中学生

　　C. 小学生和送孩子上学的家长　D. 教师

③ A. 六七个小时　　　　　　　　B. 八个小时

　　C. 四个小时　　　　　　　　　D. 十五个小时

④ A. 八点以后　　　　　　　　　B. 十一点左右

　　C. 十点半以后　　　　　　　　D. 十点以前

⑤ A. 自己喜欢　　　　　　　　　B. 爸爸喜欢

　　C. 老师喜欢　　　　　　　　　D. 妈妈喜欢

2 听对话，并判断正误。
Listen to the following dialogue and decide whether the statements are true (T) or false (F).

① 大为一整天精神都不好。　　　　　　　　　　　（　　）

② 大为从今天早晨睡到现在刚起床。　　　　　　　（　　）

③ 大为在一家公司打工。　　　　　　　　　　　　（　　）

④ 大为今天要交给老板一份计划书和一篇论文。　　（　　）

⑤ 女的让他请假检查一下身体。　　　　　　　　　（　　）

3 听新闻，并填空。
Listen to the news and fill in the blanks.

　　据中国家庭教育研究会对北京、上海、广州、重庆_____名三到七岁儿童家长的_____：十年前家长给孩子讲故事的时间是每周_____小时，而现在是每周_____小时；陪孩子唱歌、_____十年前是每周_____小时，现在是每周_____小时；希望孩子具有_____以上学历的家长十年前是_____，现在是_____。

4 听短文，并填空。
Listen to the passage and fill in the blanks.

　　在中国，人们_____说小学生的_____。这一点_____小学生们背的_____的大书包就能看出来。_____应该快乐地享受童年生活的小学生，现在就早早儿地开始了_____的生活。他们_____学校的学习任务以外，_____参加父母们让他们去的各种辅导班，小学生_____成了小铁人。国家已经多次_____各学校提出了这个问题，有的学校也开始实行_____。但是，要真正解决中小学生的学习负担问题，_____要改变人们的思想。

5 听句子，写汉字。
Listen to the sentences and write characters.

1 _____

2 _____

3 _____

4 _____

5 _____

6 角色扮演。
Role-play.

Listen to and imitate the dialogues together with your partner. Try to get the meaning of the dialogues with the help of your friends, teachers or dictionaries.

7 文化体验。
Culture experience.

① 你认为什么时间读书最好？早晨、中午还是晚上？根据你的个人经验谈谈原因。

② 中国有句俗话叫"活到老，学到老"，是说人要不断地学习，不断提高自己。你认为这句话对吗？

③ 你知道中国高中学生怎么考大学吗？请你的中国朋友或老师向你介绍一下，然后和美国学生上大学的情况做一个比较。

8 用你自己的话描述下面的漫画。
The following is a cartoon. Describe it with your own words.

1 为下列每组汉字和词语标注拼音，并译成英文。猜一猜没学过的字词的意思，并通过朋友、老师或词典来确认。

Give the *pinyin* of the following groups of Chinese characters and words and then translate them into English. Try to guess the meanings of the characters and words you haven't learned and then confirm them with the help of your friends, teachers or dictionaries.

（1）集中识字   Learn characters of the same radical group

钅：金　钉　针　钓　钟　钢　钱　铁　铃　铜　银　铲　锄

　　错　锣　锻　锁　锅　锯　镇　镜

车：转　轻　轿　较　辅　辆　输

忄：忙　快　性　怕　怪　情　惊　惯　愉　慢　懂　憾

（2）词语联想   Learn words and expressions associated in meaning

特　特别　特产　特长　特等　特点　特定　特级　特价　特技

　　特派　特区　特色　特性　特种　特殊（tèshū）独特　奇特

不　不便　不安　不比　不必　不错　不但　不定　不断　不对

　　不够　不管　不过　不和　不见　不解　不久　不可　不快

　　不利　不论　不满　不如　不时　不是　不行　不幸　不要

　　不一　不只　不足　不休　不在

忙　忙于　忙乱　帮忙　赶忙　急忙　连忙　穷忙　农忙　手忙脚乱

增　增补　增产　增大　增多　增高　增加　增减　增进　增量

　　增长　增强　倍增

（3）猜字谜   Character riddle

四四方方一座城，没有春夏没有秋。

（The key is a Chinese character.）

2 把第一行和第二行的汉字连线组成词。

Find a character in the second line which can be combined with a character in the first line to make a word. Draw a line to connect the two.

团　急　不　保　坚　独　贪　培　赞　补　放　周　领　家　作　本　增　风

玩　成　断　结　忙　末　导　立　证　决　长　习　气　加　业　来　松　养

3 用合适的词语填空。

Fill in the blanks with proper words or expressions.

（1）大家都_____小云态度热情，能团结同学。

（2）城市里汽车太多，一定会_____这里的生活环境。

（3）我向您_____，一周之内一定完成这次调查。

（4）妻子_____丈夫不管孩子的补习问题。

（5）家长_____不反对学校不断增加孩子的学习负担。

4 选择正确的答案。

Choose the correct answers.

（1）谁来参加聚会都可以，_____他不能来。

　　A. 只是　　　　B. 就是　　　　　C. 还是　　　　D. 不是

（2）他_____身体很好，可是由于不注意活动，现在身体变差了。

　　A. 本来　　　　B. 其实　　　　　C. 本人　　　　D. 确实

（3）大家都_____他说话太啰唆。

　　A. 嫌　　　　　B. 怪　　　　　　C. 反对　　　　D. 称赞

（4）他昨天_____反对，怎么今天又不同意了呢?

　　A. 很　　　　　B. 并没有　　　　C. 并且　　　　D. 并

（5）_____他去，_____我去，你决定吧。

　　A. 因为……，所以……　　　　　B. 要么……，要么……

　　C. 不是……，而是……　　　　　D. 一边……，一边……

5 连接 I 和 II 两部分的词语，组成句子。

Make a sentence by matching an expression in Part I with another one in Part II. Draw a line to connect them.

I
姑娘嫌 在老师的帮助下， 学生本来 大家都听懂了， 他并没有

II
就应该好好儿学习。 就是他还不明白。 小伙子没有文化。 他的汉语水平提高得很快。 参加汉语水平考试。

6 用所给词语组成句子。

Make sentences with the words or expressions given.

For example: 说　好　他　得　汉语　很 → 他汉语说得很好。

（1）他　爷爷奶奶　老师　同学　喜欢　尊敬　团结

　　→ _____

（2）工作　很　称赞　总是　得　他　领导　完成　好

　　→ _____

（3）累　还　孩子　嫌　家长　其实　已经　不用功　他们　够　了

　　→ _____

（4）爱　小伙子　人　姑娘　得　漂亮　聪明　长　又

　　→ _____

（5）称赞　老师　他　认真　上课　听讲

　　→ _____

7 用所给词语造句。

Make sentences with the words or expressions given.

（1）就是（Adv）

　　_____

（2）本来

　　_____

（3）并不

_____

（4）说实在的

_____

（5）要么……，要么……

_____

8　变换下列句子的说法，注意用上括号里的词语。
Change the following sentences into sentences with the words or phrases in the parentheses.

（1）你跟我们一起去外面吃饭，或者留在家里面吃方便面，你自己决定。
（要么……，要么……）

_____

（2）你得保证做到这几条，要不，你就别去了。（要么……，要么……）

_____

（3）中国文化对她有很大的影响，她决定来中国学习。（在……下）

_____

（4）老师常常辅导他，他的学习不断地进步。（在……下）

_____

（5）听了她的鼓励，我决定大学毕业后出国留学。（在……下）

_____

9　用上括号里的词语，把下列句子译成中文。
Translate the following sentences into Chinese, using the words or expressions in the parentheses.

（1）Nobody knows the secret except you.（就是）

_____

（2）We were best friends originally.（本来）

_____

（3）As a matter of fact, I did not blame him yesterday.（并没有）

_____

（4）You can go home or stay at school.（要么……，要么……）

_____

（5）Actually I do not like studying mathematics.（说实在的）

_____

10 选择有语法错误的一项。
Choose the grammatically wrong part in each statement.

（1）我 <u>本来</u> <u>还</u> 不喜欢吃海鲜，<u>现在</u> <u>更</u> 不喜欢了。　　（　　）
　　　　A　B　　　　　　　C　D

（2）<u>在</u> 小燕子的帮助 <u>中</u>，大为 <u>很快</u> <u>就</u> 做完了翻译作业。　（　　）
　　　A　　　　　　　B　　　C　D

（3）我 <u>并</u> <u>不</u> <u>看</u> <u>过</u> 这部电影。　　　　　　　　（　　）
　　　　A　B　C　D

（4）她 <u>在</u> 公司的 <u>一切</u> 工作都很顺利，<u>还是</u> 跟同事的关系 <u>有点儿</u>（　　）
　　　　A　　　B　　　　　　　　C　　　　　　D
紧张。

（5）妈妈 <u>过去</u> 同意我一个人去旅行，<u>听到</u>爸爸 <u>反对</u>，<u>后来</u> 也不 （　　）
　　　　A　　　　　　　　　　B　　　C　　D
同意了。

11 选择下列词语在表述中的正确位置。
Choose the correct positions in the statements for the following words.

（1）就是
　　A孩子B学习挺好，C对自己D缺少信心。

（2）本来
　　A这次HSK考试我B就考得很好，C是你总是认为我D不能通过。

（3）并
　　虽然很多同学A出国了，可是我B不C打算出国D留学。

（4）于
　　他A现在每天忙B帮助C那些汉语说得还不太流利的美国人学D说
汉语。

12　从下列选项中选择一组合适的词语，把它们填入句子的合适位置。
Choose the right words or expressions from the options and then fill them in the proper positions in the sentences.

（1）你继续读书，马上找工作。

　　　A.要么……，要么……　　　　　　　B.一边……，一边……

　　　C.不但……，而且……

（2）学校的培养，她成为一个成绩优秀的好学生。

　　　A.在……下　　　　　　　　　　　　B.在……中

　　　C.在……上

（3）我没有向你保证过能做好这件事。

　　　A.并　　　　　　　B.就　　　　　　　C.很

（4）你已经决定要自己开公司，你应该向着这个目标不断努力。

　　　A.虽然……，但是……　　　　　　　B.如果……，就……

　　　C.只有……，才……

13　根据本课"阅读与复述"中的短文内容判断正误。
Decide whether the statements are true (T) or false (F) according to the passage in "Reading Comprehension and Paraphrasing" of this lesson.

（1）做工的在饭馆吃了烧鸡以后不想付钱。　　　　　　（　　）

（2）店老板认为做工的吃的不是一只鸡，而是很多很多的鸡。（　　）

（3）县官同意店老板的意见，让做工的付给老板十两银子。（　　）

（4）再审的那天，做工的来得很晚是因为他在家里炒麦种了。（　　）

（5）县官不知道炒熟的麦种不能长。　　　　　　　　（　　）

14　回答问题，然后把你所说的写下来。
Answer the questions, and then write down what you have said.

　　　你觉得在书本中学习知识和在实践中学习知识，这两种方法之间有什么不同？你认为哪种方法更好？

15 读短文，完成下列练习。
Read the passages and do the following exercises.

（1）小　学

现在小朋友上小学的时候，书包里装了很多书，有语文、数学、英语、图画等。中国古代的小学也有这些课程吗？

中国古代的"小学"并不是指学校，而是把开始学习认汉字叫小学。也就是说，只要是识字阶段的学习活动都叫小学。后来有人把研究汉字的学问也叫小学。

在中国古代，小学阶段，除了认识汉字以外，还要学习算术和天文地理方面的常识，比如识别星星、月亮的位置。孔子教书的时候，学生还要学习音乐和舞蹈。后来音乐舞蹈被取消了，小学生主要是背《三字经》、《百家姓》、《千字文》等，有的还要背《四书》，就是《大学》、《中庸》、《论语》和《孟子》。学生对书上的意思不一定都懂，但书上的每个汉字学生都要会认会写。

现在小学生学的文化知识比从前小学生学的要多得多。不过古代的小学生要背那么多的书，确实不是一件容易的事。

回答问题　Answer the questions

① 中国古代的"小学"是什么意思？

②《四书》指什么？

（2）一年级小学生的负担

刚满 6 岁的孩子，才进入小学读一年级，脸上就失去了笑容，开始过起"苦日子"来了。

孩子书包——重

说起来有人不相信，6 岁孩子的书包里却装着十多本书：有语文、数学、思想品德和牛津英语；有唱歌、美术课本；还有综合类活动、科技活动、艺术类资料手册各一本。除了这些以外，学校老师还要求家长购买与课本配套的辅助材料。这么重的书包，上学的路上是家长提着，但家长把孩子送到校门口，就只能由孩子自己背了。看着被书包压弯了背的孩子，家长没有不心疼的。

家庭作业——多

为减轻学生的学习负担，教育部门有明确规定：小学一二年级不留家庭作业。但真的这样做的学校很少。比如一年级的小华每天回家要做两小时的作业。每天老师布置的作业非常多：语文是默写当天教的课文、读五遍，还要预习明天的课文；数学作业要在三分钟之内完成90道5以内的加减法题，并在家长帮助下熟练口算，另加20道奥林匹克数学题；外语要读十遍课文，并预习新课文，听五到十遍录音光盘。

家长陪读——累

孩子读书，家长陪读。这在小学生家庭中已是常事。小雪的妈妈每天6点让孩子起床，让孩子一边穿衣、漱口、吃饭，一边听英语光盘；6点40分到7点15分让孩子读语文课文，复习数学口算题；7点20分送孩子上学；下午5点接孩子回家，马上打开电脑让孩子听英语光盘；晚饭后的7点到9点是陪孩子完成家庭作业的时间。妈妈感叹地说："孩子真累！家长也累！"

讨论　Discussion

和你的同学讨论你对一年级小学生学习负担的看法，然后写下来。

（3）双胞胎（shuāngbāotāi）的故事

一对双胞胎男孩儿，上小学四年级，是我们班的学生。我是他们的语文老师。大的叫张英，小的叫张雄。他们虽然是双胞胎，哥哥却比弟弟大一岁。你觉得很奇怪吧？据他妈妈介绍说，张英是2000年12月31

日 23 点 58 分出生的。张雄出生的时间是 2001 年 1 月 1 日 0 点 8 分。在中国有个习惯，年龄分虚岁（xūsuì）和周岁（zhōusuì），生下来就算一岁；过了年，就长一岁。他们出生的时间虽然只差 10 分钟，但虚岁，张英比张雄就大一岁。

　　我去他家时，他们父母告诉我，张雄这样问过妈妈："你为什么让张英当哥哥？你和爸爸算错了。我是 2001 年生的，张英是 2000 年生的，2001 减去 2000 的差是 1，我比他多 1，我该当哥哥，你们为什么让我当弟弟？"我听了以后觉得这孩子很有意思。

　　张雄确实很聪明，但学习没有他哥哥那么认真，喜欢玩儿，爱踢足球，经常抄（chāo）张英的作业。有一次做作文，题目是《我的妈妈》，张英的作文写得很不错。张雄因为跟小朋友踢足球了，没时间写作文，就把张英写的抄了一遍。我发作文时，没有批评他，只让他们俩在班上把自己的作文念一遍。我问张雄："为什么你的作文跟张英写的一样？是你抄他的还是他抄你的？"张雄回答说："是我抄他的。"

　　我又问他："为什么你自己不写，要抄他的作文呢？"

　　他说："因为他的妈妈就是我的妈妈。您不是要我们写《我的妈妈》吗？我不抄怎么办？"

　　同学们听了都哈哈大笑起来。

用汉语解释下列词语　Explain the following words in Chinese

① 双胞胎：_____

② 虚岁：_____

③ 周岁：_____

④ 抄：_____

16　根据拼音，在电脑中输入汉字。

Input Chinese characters on computer according to the *pinyin*.

　　Xiànzài, bù zhǐshì chéngrén shìjiè li yǒuzhe jīliè de jìngzhēng, zài értóng de shìjiè zhōng yě tóngyàng yǒu jìngzhēng hé "bǐsài". Xiǎopéngyǒu chángcháng hùxiāng bǐ shéi de shūbāo gèng piàoliang, shéi de yīfu gèng piàoliang, shéi de xuéxí chéngjì gèng hǎo.

Zhè zhǒng jìngzhēng, yǒude shíhou huì gǔlì háizi xiàng gèng hǎo de fāngxiàng fāzhǎn,

bǐrú gèng nǔlì de xuéxí; yǒude shíhou jiù biànchéngle bǐ "fù", bǐ "xiǎngshòu". Yīncǐ,

zhè zhǒng értóng zhījiān de jìngzhēng yīnggāi yǐnqǐ shèhuì de zhùyì.

17 根据本课课文完成林娜的日记。
Complete Lin Na's diary according to the texts of this lesson.

7月10日　晴

　　今天早上出去散步的时候，遇见陈老师带着孩子去上电脑辅导班。一打听才知道，她的孩子还是小学生，却很少有玩儿的时间。想到我自己上小学时的情况完全不同，当时……

18 写一篇关于学习压力的文章。
Write an essay on pressure from study.

19 阅读下列材料，将里面的信息与你自己国家的情况进行比较，并和你的同伴一起讨论，将你所说的写下来。
Read the following material. Compare it with the situation in your country and discuss it with your partner. After you speak, write down what you have said.

　　只要家里有上学的孩子，这个孩子就不止上一个班。北京黄城根小学的一位大队辅导员在一次会上说，她的班上平均每个孩子要上五至六个班。学完美术学音乐，学了音乐学计算机，现在的孩子有多累可想而知。

　　家长的这种热情，催生了多少所民办教育机构没有谁能够说清楚，可是如果你有机会到北京精诚文化学校走一走，你就会发现家长的热情有多高。这所创办自1992年的学校，从一个业余培训小孩子学英语的机构发展为一个在全市拥有30个学区、14所分校、1500余个教学班、3000余名在校生的教育机构。从少儿英语、中学生新概念英语、PETS辅导班、少儿日语等语言培训，到思维能力训练、表达能力训练，从头脑奥林匹克训练，到智能训练，从绘画、书法，到少儿哲学，这个学校无所不包，从这里你可以解读出家长对孩子有多大的期望。

　　第二课堂的火暴，从理论上来说，应该是件好事，学生们的业余生活丰富了，能够学习课本外的知识，发展全面综合素质。但这种额外（éwài）的教育一旦走得太远，那也同样是场灾难。

　　家住望京花园西区的六岁小学生星星，最近与妈妈进行了一场谈判，他不愿意再学钢琴了。"太枯燥，而且上课的地方太远。"这是星星的理由。而妈妈则认为，星星的建议不可取，因为星星想去上一个轮滑班。"会转转轮子管什么用？将来上初中也不是特长。"当然，妈妈的意见最终是决定性的。其实星星的这种遭遇每个孩子都可能会遇到，有些家长会进行调整，考虑小孩儿的意见，有些则完全只考虑自己的意愿。

20　试着朗读并背诵下面的古诗。
Try to read and recite the following ancient poem.

<table>
<tr><td>乐游原</td><td>Lèyóuyuán</td></tr>
<tr><td>［唐］李商隐</td><td>［Táng］Lǐ Shāngyǐn</td></tr>
<tr><td>向晚意不适，</td><td>Xiàng wǎn yì bú shì,</td></tr>
<tr><td>驱车登古原。</td><td>qū chē dēng gǔyuán.</td></tr>
<tr><td>夕阳无限好，</td><td>Xīyáng wúxiàn hǎo,</td></tr>
<tr><td>只是近黄昏。</td><td>zhǐshì jìn huánghūn.</td></tr>
</table>

打工的大学生多起来了

More college students are taking part-time jobs

 听说练习 Listening and Speaking Exercises

1 听问题，根据课文内容圈出正确的答案。
Listen to each question and circle the correct answer according to the texts.

① A. 国家帮助他们　　　　　B. 打工

　　C. 靠社会帮助　　　　　　D. 向银行贷款

② A. 打工挣钱　　　　　　　B. 培养各方面的能力

　　C. 好好学习　　　　　　　D. 社会实践

③ A. 做家教　　　　　　　　B. 送报纸

　　C. 在商店干点儿活儿　　　D. 全职秘书

④ A. 为生活增加乐趣　　　　B. 为增强社会实践能力

　　C. 为提高生活水平　　　　D. 为多吃点儿苦

2 听对话，并判断正误。
Listen to the following dialogues and decide whether the statements are true (T) or false (F).

对话 1　Dialogue 1：

① 男的最近找了一份全职工作。　　　　　　　　　　（　　　）

② 男的本人告诉女的他在打工这件事。　　　　　　　（　　　）

③ 男的在担任小学英语教师。　　　　　　　　　　　（　　　）

④ 男的觉得教小学生英语是件很累的事。　　　　　　（　　　）

⑤ 女的同意去假日小学担任数学老师。　　　　　　　（　　　）

对话2 Dialogue 2:

① 女的暑假在家好好儿休息了。 （ ）

② 女的在一家公司打工。 （ ）

③ 女的本来在经济上就不靠父母的支持。 （ ）

④ 女的学的专业是英语。 （ ）

⑤ 男的很佩服女的，也想去打工了。 （ ）

3 听短文，并填空。
Listen to the passage and fill in the blanks.

　　古时候，人们_____读书人就应该"两耳不闻窗外事，一心只读圣贤书"。_____这种观点，中国人认为，读书人就应该_____，不能花在吃、喝、住、行等"俗事"上，这样，很多读书人_____，更不用说用自己的劳动养活自己了。现在，中国的年轻人，不但很注意读书学习，而且_____对自己各方面能力的培养，比如，社会适应能力、与别人合作的能力等。打工_____培养这些能力的最好的办法之一。打工_____可以培养能力，_____可以帮助家庭不富裕的学生_____，_____。_____有越来越多的大学生出来打工了。

4 听句子，写汉字。
Listen to the sentences and write characters.

① _____

② _____

③ _____

④ _____

⑤ _____

5 角色扮演。
Role-play.

Listen to and imitate the dialogues together with your partner. Try to get the meaning of the dialogues with the help of your friends, teachers or dictionaries.

6 文化体验。
Culture experience.

① 你上过中文网站吗？去试试吧。

② 你读书的时候，有过一边上学一边打工的经历吗？想一想当时你做的是什么工作，说一说当你拿到第一份工资时的感觉。

③ 跟你的朋友讨论一下：你认为大学生应该不应该打工？打工有什么好处和坏处？

7 阅读下面的表格，然后回答问题。
Read the following table and answer questions.

中安网科教频道家教之窗

姓　名	性别	家教科目	家教对象	电　话	联系地址	电子邮箱
金凤礼	男	英语、物理、化学、生物	初中、高一、高二	85114323	安徽大学工商管理学院01级工商管理系	jfl2000@ah163.com
储　金	男	英语、数学、语文、历史	初中、高一、高二	85114323	安徽大学工商管理学院01级工商管理系	chujin-546@163.com
管才信	男	英语、数学、语文、历史、政治	初中	85132764	安徽大学01级哲学系	aking5@etang.com
胡亚琴	女	英语、语文历史、地理	不限	85144986	安徽大学204楼213室	huyaqin2324@sohu.com
黄文娜	女	数学、物理	初中、小学	85144685	安徽大学204楼210室	a_lai_836@sina.com
李　霞	女	小学、初中各科	小学、初中	85143887	安徽大学204楼203室	Iris01032003@yahoo.com.cn

回答问题　Answer the questions

① 如果要给初中孩子辅导政治，应该找哪位大学生？

② 如果要给高中三年级的学生找一位家教老师，应该找谁？

③ 如果要找一位女老师辅导物理，应该打哪个电话？

④ 如果要给一个小学生找一位可以辅导各科的老师，应该去什么地方找？

⑤ 可以请哪位大学生做一名初中生的家教老师？

读写练习　Reading and Writing Exercises

1 为下列每组汉字和词语标注拼音，并译成英文。猜一猜没学过的字词的意思，并通过朋友、老师或词典来确认。
Give the *pinyin* of the following groups of Chinese characters, words and phrases and then translate them into English. Try to guess the meanings of the characters, words and phrases you haven't learned and then confirm them with the help of your friends, teachers or dictionaries.

（1）集中识字　Learn characters of the same radical group

口：四　团　因　回　园　围　困　国　固　图　圆　圈

月：肚　朋　肥　服　胜　胞　胖　脏　脑　脚　腰　腿　胳　膊
　　朗　期　胡

厂：厅　历　厉　厕　厨　厢　厚　原　厦

（2）词语联想　Learn words and expressions associated in meaning

在　在于　在先　在家　在理　存在　实在　正在　现在　外在

内在　在……上　　在……以上　在……之上　在……下

在……以下　　在……之下　　在……以前　　在……之前

在……以后　　在……之后　　在……之间　　在……之中

减　减产　减低　减法　减肥　减价　减轻　减色　减少　减退

　　减员　裁减

增　增产　增订　增大　增多　增高　增加　增色　增强　增生

　　增收　增长　增减　倍增

坚　坚持　坚定　坚决　坚强　坚实　坚信　坚固　坚守　坚挺

　　坚苦

（3）猜字谜　Character riddle

一人一头牛

（The key is a Chinese character.）

2 把第一行和第二行的汉字连线组成词。

Find a character in the second line which can be combined with a character in the first line to make a word. Draw a line to connect the two.

头　也　家　岗　打　支　义　既　学　基　拼　留　胜　难　争　热　利　请　致

持　务　然　词　潮　许　儿　过　命　利　本　工　教　用　位　假　费　学　取

3 用合适的词语填空。

Fill in the blanks with proper words or expressions.

（1）为了减轻家里的经济负担，小孙每天都＿＿＿＿＿＿打工。

（2）我＿＿＿＿＿＿在暑假里写一本关于大学生活的小说。

（3）大家＿＿＿＿＿＿刘大妈＿＿＿＿＿＿楼长。

（4）无论做什么事，只要＿＿＿＿＿＿下去就能成功。

（5）＿＿＿＿＿＿中小学生学习负担是非常重要的问题。

4 选择正确的答案。

Choose the correct answers.

（1）他的腿很疼，他用手轻轻地＿＿＿＿＿＿着。

　　A. 拍　　　　B. 揉　　　　C. 敲　　　　D. 推

（2）小田拼命地打工挣钱，花起钱来＿＿＿＿＿又很随便。

　　　A.就　　　　　B.却　　　　　C.还　　　　　D.才

（3）A：你明天能参加运动会吗？

　　　B：＿＿＿＿＿＿吧。

　　　A.一定　　　　B.也许　　　　C.是　　　　　D.不是

（4）不该来的人都来了，该来的＿＿＿＿＿一个也没来。

　　　A.但是　　　　B.可是　　　　C.却　　　　　D.并

（5）在学习＿＿＿＿＿，她从来没有让父母担心过。

　　　A.之内　　　　B.之外　　　　C.上　　　　　D.下

5 连接Ⅰ和Ⅱ两部分的词语，组成句子。

Make a sentence by matching an expression in Part I with another one in Part II.
Draw a line to connect them.

Ⅰ	Ⅱ
在经济上，	就早点儿休息吧。
既然你已经同意了，	生词却不多。
既然你很累，	她要靠父母朋友的帮助。
大家都选她	我就没有什么意见了。
课文很长，	做班长。

6 用所给词语组成句子。

Make sentences with the words or expressions given.

For example: 说　好　他　得　汉语　很 → 他汉语说得很好。

（1）都　小云　同学们　选　三好学生　为

　　→ ＿＿＿＿＿＿＿＿＿＿＿＿＿＿＿＿＿＿

（2）老舍　"人民艺术家"　为　称　先生　大家

　　→ ＿＿＿＿＿＿＿＿＿＿＿＿＿＿＿＿＿＿

（3）难　特别　汉字　写　这个

　　→ ＿＿＿＿＿＿＿＿＿＿＿＿＿＿＿＿＿＿

（4）来 了 多 就 一会儿 坐 既然 吧

→ _____

（5）在 他 是 上 负责 工作 认真 的

→ _____

7 用所给词语造句。

Make sentences with the words or expressions given.

（1）在……上

_____

（2）既然……，就……

_____

（3）却

_____

（4）也许

_____

（5）当……的时候

_____

8 用"当……的时候"改写下列句子。

Change the following sentences into sentences with "当……的时候".

（1）枫叶变红，天气就快变冷了。

_____

（2）他提出这个问题，大家都有些不高兴。

_____

（3）我睁开眼，已经八点半了。

_____

（4）他回到离开多年的母校，高兴得说不出话来。

_____

9 用上括号里的词语，把下列句子译成中文。
Translate the following sentences into Chinese, using the words or expressions in the parentheses.

（1）When I was a child, I wished I could be a scientist.（当……的时候）

_____

（2）It is cold today. Maybe tomorrow there will be a heavy snow.（也许）

_____

（3）Everybody likes Elizabeth, but I do hate her.（却）

_____

（4）My classmates elected me to be the monitor.（选）

_____

（5）Since you do not like this country, you can go back to your motherland.

（既然……，就……）

_____

10 选择有语法错误的一项。
Choose the grammatically wrong part in each statement.

（1）当 花儿开 时候，春天 就 会 来到 了。　　　　　　（　　）
　　　 A　　　　　 B　　　　　 C　 D

（2）今天 人们 看到 的万里长城，基本 是明朝上 建造的。　（　　）
　　　 A　　 B　　　　　　　　　 C　　　　 D

（3）弟弟 在 学习 之内 很认真，从来 不让父母担心。　　（　　）
　　　　 A　 B　 C　 D

（4）既然 你 也 想打工，我 都 介绍一份工作给你 吧。　（　　）
　　　 A　 B　　　　　 C　 D

（5）大家 选 大为 成 课外辅导老师。　　　　　　　　　（　　）
　　　　 A　 B　 C　　 D

11 选择下列词语在表述中的正确位置。
Choose the correct positions in the statements for the following words.

（1）基本上

　　A现在B大学生C都D打工。

（2）也许

他 A 不 B 适合 C 学习 D 这么难的专业。

（3）拼命

明天 A 就 B 考试了，今天晚上大家 C 都 D 复习。

（4）计划

我们 A 这两年的暑假 B 都拼命 C 打工赚钱，然后在 2014 年的时候去 D 欧洲旅游。

（5）却

大家 A 都 B 很关心他，他 C 一直 D 都不管别人。

12 从下列选项中选择一组合适的词语，把它们填入句子的合适位置。
Choose the right expressions from the options and then fill them in the proper positions in the sentences.

（1）你已经做好决定了，我们大家尊重你的意见。

    A. 即使……，也……　　　　　　B. 既然……，就……

    C. 无论……，都……

（2）口语，我比他好得多。

    A. 在……之内　　　　　　　　　　B. 在……上

    C. 在……下

（3）天已经晚了，你留在这儿住一晚上吧。

    A. 虽然……，但是……　　　　　　B. 只有……，才……

    C. 既然……，就……

（4）大学生有了独立的经济能力，算是真正地长大了。

    A. 只有……，才……　　　　　　　B. 不但……，而且……

    C. 要么……，要么……

（5）打工很艰苦，坚持下去，能够得到成功。

    A. 不论……，都……　　　　　　　B. 既然……，就……

    C. 只有……，才……

13 根据本课"阅读与复述"中的短文内容判断正误。

Decide whether the following statements are true (T) or false (F) according to the passage in "Reading Comprehension and Paraphrasing" of this lesson.

（1）克林是美国人。　　　　　　　　　　　　　　　　（ F ）

（2）克林现在的汉语水平已经很高了。　　　　　　　　（　）

（3）北京的老人们为了休闲，开办了一个英语辅导班。　（　）

（4）克林上课的时候用汉语给老人们讲课。　　　　　　（　）

（5）克林的爸爸妈妈曾到过北京。　　　　　　　　　　（　）

14 回答问题，然后把你所说的写下来。

Answer the question, and then write down what you have said.

你参加过义务工作吗？如果参加过，请写下当时的感觉。

15 读短文，完成下列练习。

Read the passages and do the following exercises.

（1）要合理安排打工

　　对学生们参加打工存在的种种心态，张老师谈了谈自己的看法。他说，大学生应该理性地对待打工。首先要选择真正能锻炼自己能力的工作，最好是与自己的专业相关或相近的，这样的打工就成了课堂的延伸。其次要注意时间的合理分配，不要因为打工影响了学习其他知识或技能。最后是打工的收入，家庭条件较差的学生可以在这方面多考虑一些，但一般同学不应该盲目追求报酬。因为打工只是大学生接触社会的一种方式，还不是谋生的手段，所以心态要平和些。

讨论　Discussion

和你的同学讨论你们对打工的看法，然后写下来。

（2）当家教的故事

　　我是师范大学英语专业的学生，来自贫困的山区。我当家教主要是为了减轻家庭的经济负担。我辅导一个初二的女生，我给学生讲英语课文、练习口语、做语法练习，休息时还讲英语故事。居民小区暑期要组织中学生英语比赛，这个女学生的家长希望孩子能参加。可是，孩子不愿报名，因为她怕在很多人面前讲话。我觉得这是一个很好的机会，可以克服她的这种心理障碍。于是，我也鼓励她参加，跟她一起准备了一个《狼和小羊》的故事。

　　比赛的那天，我跟她父母一起陪她去参加比赛。小姑娘很有表演才能。她走上台去，低着头说："一只老狼和一只小羊来到一条河边喝水。老狼看见小羊，就想把它吃掉。可是，它还要给自己找一个吃小羊的理由。"这时，小姑娘抬起头来，恶狠狠的样子，大声地说："小羊！你为什么把我的水搞脏了？你不爱护环境，我一定要把你吃掉。"接着，小姑娘又做出很害怕的样子，小声地说："狼先生，您在上游，我在下游，我怎么会把您的水搞脏了呢？"老狼一听更加生气地说："不是你，就是你父母。"说完他就把小羊吃了。最后小姑娘很激动地说："坏人要想干坏事总要给自己找理由。"她讲完了，台下响起了热烈的掌声。小姑娘得了第三名。她父母都高兴极了，感谢我对孩子的帮助。我也尝到了自己教学成功的快乐。做家教虽然很辛苦，但也很有收获。

生词　New Words

1	障碍	zhàng'ài	N	barrier
2	狼	láng	N	wolf
3	恶狠狠	èhěnhěn	A	fierce

回答问题　Answer the questions

① "我"为什么要当家教？

② "我"辅导的是谁？辅导什么？

③ 小姑娘为什么不愿意报名参加英语比赛？最后她参加了吗？结果怎么样？

④ 用你自己的话写一写《狼和小羊》的故事。

（3）著名画家李苦禅（chán）

　　中国著名画家李苦禅，原名李英，1920 年考进了北京艺术专科学校学习画画儿。由于经济困难，他靠夜里去拉人力车（rénlìchē）挣钱来维持生活，坚持学习。每天他都要干到夜里十一点多，然后再回宿舍学习。有个同学见他如此发奋学习（fāfèn xuéxí），非常感慨地说："李英，你这样清苦（qīngkǔ），还坚持学习，不如改名叫'苦禅'吧！"李英真的把自己的名字改成了李苦禅。

　　后来他决心拜齐白石为老师。行过拜师礼（bàishī lǐ）之后，李苦禅对老师说："我现在没有钱孝敬（xiàojìng）老师，只有将来报答您了。"白石老人看他学习很刻苦，有才华，品德又好，就不收他的学费了。由于李苦禅勤奋学习，他很快就成为一位著名的画家。

用汉语解释下列词语　Explain the following words in Chinese

① 人力车：_____

② 发奋学习：_____

③ 清苦：_____

④ 拜师礼：_____

⑤ 孝敬：_____

16 根据拼音，在电脑中输入汉字。
Input Chinese characters on computer according to the *pinyin*.

　　Yuèláiyuè duō de dàxuéshēng zhùyì dàole tígāo dǎgōng de zhìliàng, jiùshì shuō, dàxuéshēngmen kāishǐ xuǎnzé yǔ zìjǐ xué de zhuānyè yǒuguān de gōngzuò. Bǐrú shuō, xué fǎlǜ zhuānyè de xuésheng dào lǜshī shìwùsuǒ zuò yìxiē jiǎndān de wénmì gōngzuò; xué jiàoyù de xuésheng qù zuò jiānzhí jiàoshī. Zhèyàng zuò búdàn bāngzhù dàxuéshēngmen jiějuéle xiànzài de jīngjì wèntí, yě wèi yǐhòu jiùyè chuàngzàole tiáojiàn.

17 根据本课课文完成林娜的日记。
Complete Lin Na's diary according to the texts of this lesson.

7月10日　晴

今天是去假日小学打工的第一天，我的工作主要是教小孩子说英语。首先……

18 写一篇短文，介绍一下你或你朋友做兼职的经历。
Write an essay to describe one of your (or your friends') experiences of doing part-time jobs.

19 阅读王丽的经历并向你的同伴复述。
Read Wang Li's story and retell it to your partner.

与在职教师做计时家教相比，在校大学生做家教则要灵活得多。许多经济条件好、孩子年龄小、父母工作忙的家庭很欢迎大学生家教。他们要求在校学生到家里吃住，全天和孩子待在一起。

　　王丽是内地一所名牌大学经贸英语专业的学生，暑假到深圳小姨家玩儿。到小姨家的第三天，一次偶然的机会，看到小区管理处一则招住家家教的广告，觉得自己很符合上面的条件，便打电话过去试了试。一试便中的她高兴得差点儿睡不着觉。

　　"老板"给了4000元/月的待遇，条件是到学生家吃住，主要教一个八岁大的男孩儿英语，兼顾其他科目。因为"老板"夫妇工作忙，还常出差，所以，小王除了上课外，主要就是陪孩子玩儿，每天下午5点到6点，还要到小区游泳馆游一个小时的泳。"再苦再累都值得。"小王激动得不得了，"4000元比自己一年的大学学费还多，这是我到深圳意外获得的礼物。"

20　试着朗读并背诵下面的古诗。
Try to read and recite the following ancient poem.

蜂	Fēng
［唐］罗隐	［Táng］Luó Yǐn
不论平地与山尖，	Búlùn píngdì yǔ shān jiān,
无限风光尽被占。	wúxiàn fēngguāng jìn bèi zhàn.
采得百花成蜜后，	Cǎi dé bǎi huā chéng mì hòu,
为谁辛苦为谁甜？	wèi shéi xīnkǔ wèi shéi tián?

我是独生子女

I'm the only child in the family

听说练习 Listening and Speaking Exercises

1 听问题，根据课文内容圈出正确的答案。
Listen to each question and circle the correct answer according to the texts.

10
1~5

① A. 姐姐　　　　B. 妹妹　　　　C. 爸爸　　　　D. 妈妈

② A. 上世纪五十年代　　　　B. 上世纪六十年代

　　C. 改革开放以后　　　　D. 上世纪七十年代

③ A. 男女平等　　　　B. 喜欢要女孩儿

　　C. 男孩儿女孩儿都要　　　　D. 养儿防老

④ A. 夫妻俩都工作　　　　B. 有一个孩子

　　C. 没有小孩儿　　　　D. 一般情况下收入较高

⑤ A. 法国　　　　B. 美国　　　　C. 日本　　　　D. 英国

2 听对话，并判断正误。
Listen to the following dialogues and decide whether the statements are true (T) or false (F).

对话 1　Dialogue 1：

① 男的还有一个姐姐。　　　　　　　　　　　　　　　（　　　）

② 男的的国家没有实行计划生育。　　　　　　　　　　（　　　）

③ 男的从小就很有自理能力。　　　　　　　　　　　　（　　　）

④ 中国有很多独生子女是从小就娇生惯养的。　　　　　（　　　）

⑤ 女的是一个娇生惯养的独生女。　　　　　　　　　　（　　　）

对话 2 Dialogue 2：

① 女的没有兄弟姐妹。 （ ）

② 像女的这么大的人一般都不是独生子女。 （ ）

③ "养儿防老"的想法现在在城市还有很大的影响。 （ ）

④ 中国有"计划生育"的政策。 （ ）

⑤ 现在还有很多人有"传宗接代"、"养儿防老"

的想法。 （ ）

3 听短文，并填空。
Listen to the passage and fill in the blanks.

_____，人口问题是_____家庭、国家甚至世界的

重大问题，它_____受到人们的关注。在_____，人们

的观念是孩子越多越好，这样，这个国家就会出现_____的

情况，_____影响了经济的发展。_____一些国家，人

口_____老龄化的_____，_____年轻一代不愿意担负

生孩子的义务，这些国家很多人赞成_____的生活方式。中

国_____实行_____，_____，_____，

人民的生活水平也大大地提高了。所以，生育孩子_____太

多，_____太少，还是计划最好。

4 听句子，写汉字。
Listen to the sentences and write characters.

① _____

② _____

③ _____

④ _____

⑤ _____

5 角色扮演。
Role-play.

Listen to and imitate the dialogues together with your partner. Try to get the meaning of the dialogues with the help of your friends, teachers or dictionaries.

Listen to the news and try to imitate the news reporter.

6 文化体验。
Culture experience.

① 你有几个兄弟姐妹？你们在一起生活的时候有过什么有趣的故事？

② 你认为家里只有一个小孩儿好还是有很多个小孩儿好？如果你将来结婚，你是选择过丁克生活还是想多生育几个孩子？为什么？

③ 上一课你已经试过上中国的网站，这次试试在中国网站上找一找关于中国"计划生育"情况的文章。

7 读下列人口普查报告并回答问题。
Read the following census report and answer the questions.

2010 年第六次全国人口普查主要数据

单位：万人

地区	人数	地区	人数	地区	人数
北京市	1961			四川省	8041
天津市	1293	福建省（不含金门、马祖等岛屿）	3689	贵州省	3474
河北省	7185			云南省	4596
山西省	3571	江西省	4456	西藏自治区	300
内蒙古自治区	2470	山东省	9579	陕西省	3732
辽宁省	4374	河南省	9402	甘肃省	2557
吉林省	2746	湖北省	5723	青海省	562
黑龙江省	3831	湖南省	6568	宁夏回族自治区	630
上海市	2301	广东省	10430	新疆维吾尔自治区	2181
江苏省	7865	广西壮族自治区	4602	香港特别行政区	710
浙江省	5442	海南省	867	澳门特别行政区	55
安徽省	5950	重庆市	2884	台湾省和福建省的金门、马祖等岛屿	2290
				中国人民解放军现役军人	230

① 中国哪个省、自治区或直辖市的人口最多？是多少？

② 什么地方的人口最少？

③ 北京、上海、天津和重庆这四个直辖市，哪个人口最多？

④ 这张表的数据以多少为单位？

⑤ 香港特别行政区的人口有多少？

 读写练习 Reading and Writing Exercises

1 为下列每组汉字和词语标注拼音，并译成英文。猜一猜没学过的字词的意思，并通过朋友、老师或词典来确认。

Give the *pinyin* of the following groups of Chinese characters, words and phrases and then translate them into English. Try to guess the meanings of the characters, words and phrases you haven't learned and then confirm them with the help of your friends, teachers or dictionaries.

（1）集中识字 Learn characters of the same radical group

竹：竿 笔 笑 笋 笆 笨 符 第 等 筑 签 简 答 算
筋 管 箱 篇 筒 筷 箩

攵：收 改 放 政 故 教 敢 散 敬 数 敷 整 救 敏

艹：艺 节 花 苏 苦 苹 英 草 茶 药 菜 葡 萄 茉
莉 蓝 蒙 慕 薪 藏 芬 芳

（2）词语联想 Learn words and expressions associated in meaning

实 实地 实干 实际 实价 实践 实况 实力 实情 实数
实说 实体 实物 实习 实现 实心 实行 实验 实业
实意 实用 实在 实证 实据
果实 厚实 坚实 结实 老实 朴实 其实 确实 事实
务实 现实 真实

生 生变 生病 生产 生成 生存 生活 生动 生理 生命
生平 生气 生日 生前 生死 生物 生意 生于 生育
生长 生人 生字 生词 生菜

　　产生　出生　诞生　发生　派生　增生　考生　学生　男生
　　女生　先生　医生
交　交代　交道　交点　交给　交换　交际　交加　交接　交界
　　交流　交情　交手　交谈　交替　交通　交往　交易　交游
　　交差　交叉　交班　交付　交火
　　初交　成交　断交　结交　社交　深交　外交　提交　相交
　　杂交　建交　故交　世交
　　交响乐　交易所　交流电　交口称赞　交头接耳　风雨交加
　　内外交困

（3）猜字谜　Character riddle

又进村了。

（The key is a Chinese character.）

2 把第一行和第二行的汉字连线组成词。
Find a character in the second line which can be combined with a character in the first line to make a word. Draw a line to connect the two.

稍　客　传　政　尽　控　平　保　增　鼓　生　夫　丁　形　总　违　专　自　说

统　式　制　持　励　管　妇　微　观　均　策　育　长　克　数　家　由　明　反

3 用合适的词语填空。
Fill in the blanks with proper words or expressions.

（1）那还用＿＿＿＿＿＿＿？我当然是听妈妈的话了。

（2）控制环境污染＿＿＿＿＿＿每一个人的身体健康。

（3）当我学习成绩不好的时候，老师总是＿＿＿＿＿＿我要有信心。

（4）从八十年代＿＿＿＿＿，中国一直＿＿＿＿＿改革开放政策。

（5）尽管中国经济的＿＿＿＿＿＿速度很快，但是在很多方面中国的
　　科学技术还没有＿＿＿＿＿＿世界先进水平。

4 选择正确的答案。

Choose the correct answers.

（1）他起床以后就＿＿＿＿＿＿工作，连饭都没有吃。

　　　A. 总是　　　　　B. 经常　　　　　C. 一直　　　　　D. 常常

（2）北京申奥成功＿＿＿＿＿＿，城市又有了很大的变化。

　　　A. 以来　　　　　B. 来　　　　　　C. 后来　　　　　D. 的时候

（3）我们觉得汉语很难学，＿＿＿＿＿＿有好的方法和认真的态度，汉语也很

　　　好学。

　　　A. 实在　　　　　B. 其实　　　　　C. 毕竟　　　　　D. 本来

（4）这条裙子太瘦了，有没有＿＿＿＿＿＿大点儿的？

　　　A. 稍微　　　　　B. 一点儿　　　　C. 有一点儿　　　D. 比

（5）尽管"重男轻女"的思想在城市里影响不大，但很多青年男女＿＿＿＿＿＿

　　　喜欢生男孩儿。

　　　A. 总是　　　　　B. 还是　　　　　C. 不是　　　　　D. 就是

5 连接Ⅰ和Ⅱ两部分的词语，组成句子。

Make a sentence by matching an expression in Part I with another one in Part II.
Draw a line to connect them.

Ⅰ	Ⅱ
这个发展速度	是非常优秀的。
女儿的英语成绩	可还是坚持给学生上课。
尽管他身体不舒服，	中国人就认为"和为贵"。
你知道	是可以达到的。
自古以来，	天为什么是蓝色的吗？

6 用所给词语组成句子。

Make sentences with the words or expressions given.

For example: 说　好　他　得　汉语　很 → 他汉语说得很好。

（1）他　不会　婚礼　的　女朋友　参加　以前　自己　是……的

　　→ ＿＿＿＿＿＿＿＿＿＿＿＿＿＿＿＿＿＿＿＿＿＿＿＿＿＿＿＿＿

（2）你　这种　感冒　容易　的　得　是……的　好　很

→ _____

（3）问题　这个　解决　之内　短时间　不了　是……的

→ _____

（4）本　写　小说　是……的　这　都市人　现代　生活

→ _____

（5）访问　你　谁　想　来　是　吗

→ _____

7　用所给词语造句。
Make sentences with the words or expressions given.

（1）尽管……，还是……

_____

（2）是……的

_____

（3）以来

_____

（4）一直

_____

8　用"尽管……，还是……"变换下列句子的说法。
Change the following sentences into statements with "尽管……，还是……".

（1）这里已经有了保险制度，很多人不习惯参加保险。

_____

（2）她很注意少吃东西，但瘦不下来。

_____

（3）这是违反法律的，但有人继续这样做。

_____

（4）在中国农村还有"养儿防老"的传统观念，但在城市里出现了"丁克家庭"。

_____

（5）我很想好好儿锻炼身体，可忙得没有时间运动。

_____

9 用上括号里的结构或词语，把下列句子译成中文。
Translate the following sentences into Chinese, using the structures or words given in the parentheses.

（1）Although I was very tired, I still had to do the homework.

（尽管……，还是……）

_____

（2）What do you want to eat?（双重疑问句）

_____

（3）Do you know her?（双重疑问句）

_____

（4）He came back home last night.（一直）

_____

（5）I have been helping the old lady since I rent her house.（自从……以来）

_____

10 选择有语法错误的一项。
Choose the grammatically wrong part in each statement.

（1）尽管 他 表示同意，但他 总是 不愿意马上跟用人单位签订合同。
　　　A　　　B　　　C D　　　　　　　　　　　　　　　（　　）

（2）你 除了 会读书 以外，更 能做点儿什么？　　　　　　　（　　）
　　　　A　　　B　　C　　D

（3）我 是 来这儿学汉语的，不来 学音乐的。　　　　　　　（　　）
　　　A　　B　　　　　C　　D

（4）你能告诉我 你这么说 是 怎么 意思吗？　　　　　　　　（　　）
　　　A　　　　B　　C D

（5）改革开放 <u>以来</u>，中国的经济 <u>一直</u> <u>发展</u> <u>快</u>。 　　　　　　　（　　）

　　　　　　　 A 　　　　　　　 B 　C D

11 选择下列词语在表述中的正确位置。

　 Choose the correct positions in the statements for the following words or expressions.

（1）一直

　　　A 我 B 都 C 很 D 喜欢吃东北菜，这个习惯从来没变过。

（2）以来

　　　他从 A 上大学 B，就靠打工 C 赚的钱生活 D。

（3）其实

　　　A 这个问题 B 看起来 C 很难，D 很好回答。

（4）稍微

　　　你 A 用 B 一点儿力，C 就能 D 推开大门。

（5）关系到

　　　就业问题 A 一个 B 国家的 C 稳定和 D 发展。

12 从下列选项中选择一组合适的词语，把它们填入句子的合适位置。

　 Choose the right expressions from the options and then fill them in the proper
　 positions in the sentences.

（1）他非常累，但坚持跑完了最后的 500 米。

　　　A. 因为……，所以…… 　　　　　B. 尽管……，还是……

　　　C. 无论……，都……

（2）爷爷经历了几个时代，他的有些看法跟我们不一样。

　　　A. 因为……，所以…… 　　　　　B. 虽然……，但是……

　　　C. 无论……，都……

（3）小叶子会唱歌，会跳舞。

　　　A. 即使……，也…… 　　　　　　B. 既……，又……

　　　C. 一边……，一边……

（4）老爷爷边唱边表演，还越演越高兴，要跟我比赛。

　　　A. 虽然……，但是…… 　　　　　B. 不但……，而且……

　　　C. 只有……，才……

（5）小云年轻漂亮，人人都喜欢她。

  A. 又……又……   B. 要是……就……

  C. 一边……一边……

13 根据本课"阅读与复述"中的短文内容判断正误。

Decide whether the following statements are true (T) or false (F) according to the passage in "Reading Comprehension and Paraphrasing" of this lesson.

（1）我们家是四世同堂，爸爸、妈妈、奶奶、太爷爷和我。 （ ）

（2）太爷爷还是喜欢在家里储存粮食。 （ ）

（3）太爷爷只佩服邓小平一个人。 （ ）

（4）太爷爷最喜欢看《每周一歌》。 （ ）

（5）太爷爷觉得医生不负责任，因为没给他号脉。 （ ）

14 回答问题，然后把你所说的写下来。

Answer the question, and then write down what you have said.

你家里有几口人？向朋友描述一下你家这几口人的特点。

15 读短文，完成下列练习。

Read the passages and do the following exercises.

（1）国家鼓励公民晚婚晚育

  "鼓励晚婚晚育"，"鼓励"的含义是引导、号召、劝勉；"晚婚"，是指在法定婚龄（男 22 周岁，女 20 周岁）的基础上，男女青年超过法定结婚年龄 3 年以上初次结婚；"晚育"，就是适当地推迟婚后初育的年龄，即已婚公民达到晚婚年龄后初次生育子女的为晚育。

  晚育不以晚婚为前提条件，并且不是法定义务，而法定婚龄是必须遵守的。

回答问题 **Answer the questions**

① 什么是"晚婚"?

② 什么是"晚育"?

③ 你对"晚婚"、"晚育"的看法是什么?

(2) 提倡一对夫妻生育一个子女

所谓"提倡一对夫妻生育一个子女",是指国家提倡小规模家庭,一对夫妻生育一个孩子。但充分考虑到当前经济发展的实际情况和群众的现实利益,还规定了"符合法律、法规规定条件的,可以要求安排生育第二个子女"。关于生育第二个子女的条件,各省、自治区、直辖市现行规定主要有以下若干情况:(一)夫妻双方为独生子女的;(二)农村一对夫妻生育的第一个孩子是女孩儿的;(三)第一个子女为病残儿不能成长为正常劳动力,但医学上认为可以再生育的;(四)患不育症依法收养一个孩子以后又怀孕的;(五)夫妻双方均为少数民族的,等等。

判断正误 **Decide whether the following statements are true (T) or false (F)**

① "提倡一对夫妻生育一个子女"就是一对夫妻必须只生一个孩子。 ( )

② 有的夫妻也可以生育第二个子女。 ( )

③ 患不育症依法收养一个孩子以后又怀孕的夫妻可以生育第二个子女。 ( )

④ 夫妻双方为独生子女的,也不能生育第二个子女。 ( )

(3) 一份研究报告

据美国人口调查机构最近发布的一份研究报告说,目前世界上总共有人口 68 亿，大约有 12 亿人生活在发达国家。到 2025 年之前，发达国家的人口最多将达到 13 亿至 14 亿之间。然后开始下降，可能会稳定在 10 亿人左右。相反，发展中国家人口会继续增长。到 2025 年将达到 66 亿，到 2050 年将达到 80 亿。到 21 世纪末，将达到 105 亿。这种人口增长不平衡现象将会威胁大部分国家的经济发展。

讨论　Discussion

和你的同学讨论一下这份研究报告，然后把讨论的结果写下来。

16　根据拼音，在电脑中输入汉字。

Input Chinese characters on computer according to the *pinyin*.

Zhōngguórén rènwéi "yǎng ér fáng lǎo", dànshì, xiànzài yuèláiyuè duō de niánqīngrén xǐhuan shēng nǚháir. Yīnwèi nǚháir yìbān huì tīng bàba māma de huà, yě néng hěn hǎo de zhàogù bàba māma; érqiě, zhè yě gēn Zhōngguó fùnǚ de dìwèi búduàn tígāo yǒu guānxì. Jiānchí "zhòng nán qīng nǚ" guānniàn de Zhōngguórén huì yuèláiyuè shǎo.

17　根据本课课文完成林娜的日记。
Complete Lin Na's diary according to the texts of this lesson.

7月10日　晴

　　过去的三十几年中，中国为了控制人口的增长，实行计划生育政策。可是，我今天听小云说，当代的年轻人中，有一些人已经开始过没有孩子的丁克生活了……

18　写一篇文章，描述一下你未来家庭的生活。
Write an essay to describe your imaginary family life in the future.

19 了解了中国的情况后，你如何看待中国的"计划生育"政策？就这一话题与你的同学进行讨论，并在讨论后把你所说的写下来。
After knowing the situation in China, what do you think of China's policy of "Family Planning"? Have a discussion with your classmates on this issue and then write down what you have said.

20 试着朗读并背诵下面的古诗。
Try to read and recite the following ancient poem.

相见欢

［南唐］李煜

无言独上西楼，

月如钩。

寂寞梧桐深院锁清秋。

剪不断，

理还乱，

是离愁。

别是一般滋味在心头。

Xiāngjiànhuān

［Nán Táng］Lǐ Yù

Wú yán dú shàng xīlóu,

yuè rú gōu.

Jìmò wútóng shēnyuàn suǒ qīngqiū.

Jiǎn bú duàn,

lǐ hái luàn,

shì líchóu.

Bié shì yìbān zīwèi zài xīntóu.

"头痛医脚"

Treat the disease, not the symptoms

听说练习 Listening and Speaking Exercises

1 听问题，根据课文内容圈出正确的答案。

11
1~8

Listen to each question and circle the correct answer according to the texts.

① A. 头　　　　　B. 嗓子　　　　　C. 胃　　　　　D. 腰

② A. 西医　　　　B. 中医　　　　　C. 外科医生　　　D. 牙医

③ A. 头疼是因为脚有病

　　B. 只有医治好脚才能医好头

　　C. 人是一个整体，各个器官都有关系

　　D. 先治脚再治头

④ A. 北京中医院　　　　　　　B. 北京同仁堂

　　C. 同仁医院　　　　　　　　D. 人民医院

⑤ A. 水果　　　　B. 山楂　　　　　C. 蔬菜　　　　D. 苹果

2 听对话，并判断正误。

Listen to the following dialogue and decide whether the statements are true (T) or false (F).

① 男的今天身体不舒服。　　　　　　　　　　　　（　　　）

② 女的带男的到中医院请中医为他号脉。　　　　　（　　　）

③ 女的认为男的的病是中暑。　　　　　　　　　　（　　　）

④ 女的的爷爷不是中医。　　　　　　　　　　　　（　　　）

⑤ 女的也懂得一点儿中医看病的方法。　　　　　　（　　　）

3 听对话，回答问题。
Listen to the following dialogue and answer the questions.

① 女的得了什么病？

_____

② 女的看的是中医还是西医？

_____

③ 大夫看病时先做什么？

_____

④ 病人睡觉怎么样？

_____

⑤ 病人的病严重吗？

_____

4 听短文，并填空。
Listen to the passage and fill in the blanks.

　　中国的_____。中医_____望、闻、问、切，就是用_____看病人的气色，用_____闻病人身上的气味，用_____问病人的病情，用_____号脉来了解生病的情况，把病人_____。这就是人们常说的"_____"。中医_____有治疗的作用，_____又有增强健康的作用。

　　_____中草药大都_____自然界，对人体有着调节保养的作用，中国人也常把中药_____菜吃或者泡酒喝。有些中药，如山楂、橘子皮、人参等_____人们的日常食品。

5 听句子，写汉字。
Listen to the sentences and write characters.

① _____

② _____

③ _____

④ _____

⑤ _____

6 角色扮演。
Role-play.

Listen to and imitate the dialogues together with your partner. Try to get the meaning of the dialogues with the help of your friends, teachers or dictionaries.

7 听下面一则关于中草药——柴胡的故事，在朋友、老师或词典的帮助下复述这个故事。
Listen to the following story about a Chinese herbal medicine —"Chaihu（柴胡）". Retell the story with the help of your friends, teachers or dictionaries.

8 听下面的故事，并试着在朋友、老师或词典的帮助下进行复述。
Listen to the following story and try to retell it with the help of your friends, teachers or dictionaries.

9 文化体验。
Culture experience.

① 你看过中医吗？你对中国的中医和中药有哪些了解？去看看中医是怎么看病的。

② 北京"同仁堂"是非常有名的中药店，下面是该店的一些重要产品。问问你的中国朋友或老师，这些药是治疗什么病的。

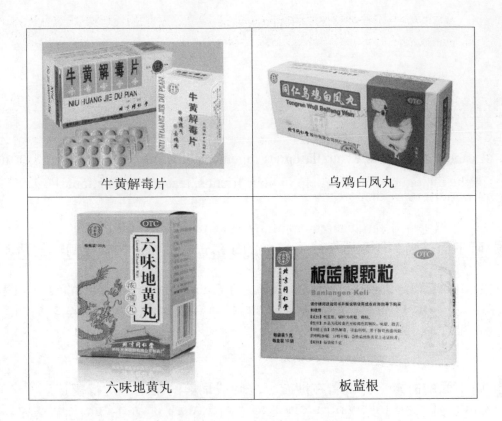

牛黄解毒片　　　　　　　乌鸡白凤丸

六味地黄丸　　　　　　　板蓝根

10 下面的材料是治疗流感的中医处方，请记录下它在成分和用法上与西医的区别。

The following is a traditional Chinese medical prescription for flu. Please note its differences from Western medicine in terms of the ingredients and the method of use.

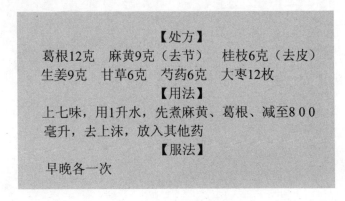

【处方】
葛根12克　麻黄9克（去节）　桂枝6克（去皮）
生姜9克　甘草6克　芍药6克　大枣12枚
【用法】
上七味，用1升水，先煮麻黄、葛根、减至800
毫升，去上沫，放入其他药
【服法】
早晚各一次

 读写练习 Reading and Writing Exercises

1 为下列每组汉字和词语标注拼音，并译成英文。猜一猜没学过的字词的意思，并通过朋友、老师或词典来确认。

Give the *pinyin* of the following groups of Chinese characters, words and phrases and then translate them into English. Try to guess the meanings of the characters, words and phrases you haven't learned and then confirm them with the help of your friends, teachers or dictionaries.

（1）集中识字　Learn characters of the same radical group

疒：疯　疤　病　疾　疼　痛　瘦　痒

牛：物　特　牺　牲

犭：犯　狗　猫　独　猿　猴　猪　狮

（2）词语联想　Learn words and expressions associated in meaning

信　信封　信纸　信件　写信　寄信　发信　家信　平信　来信
　　航空信　挂号信　明信片　信风　信贷　信服　信号　信念
　　信物　信心　信息　信义　信用　报信　回信　口信　轻信
　　深信　相信　音信　坚信　自信

修　修补　修订　修改　修剪　修建　修理　修配　修造　修筑
　　修整　修治　修正　修养

物　物价　物件　物理　物体　物质　物证　物种　物资　物品
　　物业　宝物　财物　产物　动物　植物　矿物　公物　古物
　　怪物　景物　静物　礼物　人物　生物　实物　食物　事物
　　万物　玩物　文物　药物　衣物　化合物　农作物　建筑物
　　博物馆　动物园　植物园　地大物博　身外之物

（3）猜字谜　Character riddle

十五日。

（The key is a Chinese character.）

2 把第一行和第二行的汉字连线组成词。

Find a character in the second line which can be combined with a character in the first line to make a word. Draw a line to connect the two.

气　针　矿　正　长　山　药　按　修　整　气　结　医　理　化　器　号

期　方　体　好　合　功　物　灸　楂　理　色　论　脉　摩　官　验　学

3 用合适的词语填空。

Fill in the blanks with proper words or expressions.

（1）中医主要_____给病人_____脉来了解病人的病情。

（2）林娜去同仁堂_____了一个中医专家号。

（3）老中医为他_____了一个奇怪的药方。

（4）是山楂把你的病_____好了。

（5）现在有越来越多的人对中医_____兴趣。

4 选择正确的答案。

Choose the correct answers.

（1）我们两国人民的友谊_____。

　　A. 很多　　　　B. 很长　　　　C. 很深　　　　D. 很强

（2）看着这么美好的山水，我_____不敢相信自己的眼睛。

　　A. 很　　　　B. 简直　　　　C. 怎么　　　　D. 就

（3）他_____来我家做客，你可以问问他具体情况。

　　A. 正好　　　　B. 正在　　　　C. 很好　　　　D. 好

（4）在学习_____，我们要对自己严格要求。

　　A. 下　　　　B. 外　　　　C. 中　　　　D. 内

（5）这封信是_____上海寄来的。

　　A. 往　　　　B. 来　　　　C. 去　　　　D. 自

5 连接Ⅰ和Ⅱ两部分的词语，组成句子。

Make a sentence by matching an expression in Part I with another one in Part II. Draw a line to connect them.

Ⅰ

我刚到公共汽车站，
您找给我的钱
天阴了，
他说的普通话
是这位老中医

Ⅱ

我简直一句也听不懂。
正好。
给我看的病。
正好来了一辆车。
看来又要下雨了。

6 用所给词语组成句子。

Make sentences with the words or expressions given.

For example: 说　好　他　得　汉语　很 →他汉语说得很好

（1）运动　所以　很少　消化　他　不好

→ _____

（2）大都　取自　中药　或　动植物　矿物

→ _____

（3）小猫　是　碎　把　镜子　打　了

→ _____

（4）画　齐白石　简直　虾　的　一样　跟　真的

→ _____

（5）机器　人的　得修理　零件　坏了　像　身体　一部　就

→ _____

7 用所给词语造句。

Make sentences with the words or expressions given.

（1）一方面……，一方面……

_____

（2）简直

_____

（3）看来

_____

（4）正好

_____

8 用副词"正好"变换下列句子的说法。
Change the following sentences into sentences with the adverb "正好".

（1）我答完题的时候，12 点，所以我就直接去餐厅吃饭了。

_____

（2）我买了一部手机以后，余下的钱够买火车票回家。

_____

（3）既然你现在回来了，帮我做晚饭。

_____

（4）我没有零钱找你，所以这件衣服多少钱，请您就给我多少钱。

_____

（5）除夕的晚上，玉兰、杰克他们回农村，赶上吃团圆饭。

_____

9 用上括号里的词语，把下列句子译成中文。
Translate the following sentences into Chinese, using the words or expressions in the parentheses.

（1）It is the old herbalist who cured him.（是……）

_____

（2）She is tired this month. On one hand, she has to take care of her child; on the other hand, she must go to see the doctor.（一方面……，另一方面……）

_____

（3）It affects the child a lot.（很深）

_____

（4）As soon as I needed money, he gave me back the money he borrowed from me last month.（正好）

_____

（5）He believes that it is important to use languages in communication.（在……中）

_____

10　选择有语法错误的一项。

Choose the grammatically wrong part in each statement.

（1）他提出的问题 还 在 研究 上，请耐心 等待。　　　　　（　　）
　　　　　　　　　A B　　　C　　　　D

（2）其实 他们俩 哪 是城里人，他们 来自 农村人。　　　　（　　）
　　　A　　　　B　　　　　　　　　C　　D

（3）这种音乐 真是 太美了，我 简直 相信 我的耳朵。　　　（　　）
　　　　　　　A　　　　　　B　　C　　D

（4）我 某张 从来 不骗人。　　　　　　　　　　　　　　（　　）
　　A　B　　C　　D

（5）商店某 的服务 态度 极 差。　　　　　　　　　　　　（　　）
　　A　　　　　B　C D

11　选择下列词语在表述中的正确位置。

Choose the correct positions in the statements for the following words.

（1）简直

　　　A 海南岛 B 冬天一点儿 C 也不冷，D 就像春天一样。

（2）正好

　　　你吃的 A 山楂 B 治 C 你的 D 胃病。

（3）自

　　　A 这条小街 B 东 C 向西至少 D 有 300 米。

（4）的

　　　这个 A "市场 B 调查" 你一定能做 C 好 D。

（5）是

　　　A 这位 B 西医建议她去 C 中医医院找 D 针灸大夫看病的。

12 从下列选项中选择一组合适的词语，把它们填入句子的合适位置。

Choose the right words or expressions from the options and then fill them in the proper positions in the sentences.

（1）我要学习，要工作，没有时间参加休闲活动。

　　A. 一方面……，一方面……　　　　B. 既然……，就……

　　C. 虽然……，但是……

（2）.自信的人，能在面试中得到成功。

　　A. 一方面……，一方面……　　　　B. 只有……，才……

　　C. 既然……，就……

（3）你下定决心，我一定支持你把这件事做好。

　　A. 只要……，就……　　　　B. 即使……，也……

　　C. 不管……，都……

（4）你的气色不太好，你应该去医院检查一下。

　　A. 正好　　　　B. 看来　　　　C. 究竟　　　　D. 尤其

（5）你工作这么紧张，我们不去看电影了。

　　A. 既然……，就……　　　　B. 尽管……，还是……

　　C. 要么……，要么……

13 根据本课"阅读与复述"中的短文内容判断正误。

Decide whether the following statements are true (T) or false (F) according to the passage in "Reading Comprehension and Paraphrasing" of this lesson.

（1）扁鹊是春秋时代的一位名医。　　　　　　　　　　（　　）

（2）扁鹊第一次见到蔡国国王的时候，国王还没有大病。（　　）

（3）蔡国国王第一次听说自己有病的时候，有些不高兴。（　　）

（4）扁鹊第四次见到国王的时候，国王已经病入膏肓

　　（bìng rù gāo huāng），无药可救了。　　　　　　（　　）

（5）"讳疾忌医"的意思就是批评那些不听医生话的人。（　　）

14 回答问题，然后把你所说的写下来。

Answer the following question, and then write down what you have said.

中国有句俗话叫做"良药苦口利于病，忠言逆耳利于行"，意思就是

说越苦的中药，可能对治你的病越有帮助，同样，别人劝你的话可能不好听，但对你是有很大帮助的。请结合"讳疾忌医"的故事，谈一谈你对这句俗话的理解。

15 读短文，完成下列练习。

Read the passages and do the following exercises.

（1）"同仁堂"的店名是怎么来的

公元 1027 年，乐显扬先生的祖先做了一个刻着针灸穴位的铜人。这个"铜人"是乐家的传世珍宝。1669 年，乐显扬先生在北京开药店起店名时，用了"铜人"的音，叫自己的药店为"同仁堂"。"同仁"二字，表示不论亲疏远近都一视同仁，也就是说，不论认识不认识的病人，都一样认真地医治。

回答问题　Answer the questions

① "同仁"是什么意思？

② "同仁堂"的名称是怎么来的？

（2）加拿大政府给中医医生颁发高级中医师证书

　　新华社记者在温哥华市采访了加拿大不列颠哥伦比亚省中医药管理局主席。他是位律师，两年前受省政府委托（wěituō）担任了中医药管理局主席。他对记者说，过去，在加拿大的中医医生，虽然可以行医（xíngyī），但没有医生的合法资格，只能算做另类（lìnglèi）医疗服务人员。他们当中即使是有医学博士学位的人，也拿不到医生的资格证书（zīgé zhèngshū）。在加拿大温哥华地区中医学界和华侨华人的共同努力下，2003年6月，不列颠哥伦比亚省给231名从事中医的医生颁发了高级中医师证书，还给600多人颁发了注册中医师、中医药师和针灸师证书。这是加拿大也是整个北美地区第一批被当地政府和医学界正式承认的中医医生。从此，他们的地位与当地西医医生一样，在专业资格上得到了承认，也得到了法律保护。

用汉语解释下列词语　Explain the following words in Chinese

① 委托：＿＿＿＿＿＿＿＿＿＿＿＿＿＿＿＿＿＿＿＿

② 行医：＿＿＿＿＿＿＿＿＿＿＿＿＿＿＿＿＿＿＿＿

③ 另类：＿＿＿＿＿＿＿＿＿＿＿＿＿＿＿＿＿＿＿＿

④ 资格证书：＿＿＿＿＿＿＿＿＿＿＿＿＿＿＿＿＿＿

（3）睡前健身法

　　散步法：坚持每天晚饭以后散半小时的步。既有利于食物的消化，又可以让紧张了一天的心情放松。

　　泡脚法：睡觉前的一个小时，用热水泡泡脚，不但可以加快下肢的血液循环，而且还可以促进睡眠。

　　强壮心脏法：在泡脚的同时，用拇指相互按压手心的穴位，每只手各按50下，这会起到强壮心脏的作用。

　　壮腰健肾法：泡完脚后，把脚擦干净，要穿上袜子。然后站立起来，两腿分开，两手叉腰，慢慢将腰部左右扭动，这有壮腰健肾的作用。

抬腿法：平躺在床上，双腿并齐，慢慢地上抬。这对经常坐办公室的人很有好处。

按摩小腹部：仰面躺在床上，将手放在小腹上，先顺时针按36次，再逆时针按36次。这样做有助消化、健肠胃的作用。

回答问题　Answer the question

你觉得上面介绍的睡前健身法哪种最吸引你？试一试这种方法。

16 根据拼音，在电脑中输入汉字。

Input Chinese characters on computer according to the *pinyin*.

Zhōngyī shì rénlèi de yīyào bǎokù, xiànzài zhōngyī de dìwèi búduàn tígāo, rénmen zhèngzài yánjiū zhōng-xīyī jiéhé zhìbìng de wèntí. Yǒude bìng, xīyī de xiàoguǒ hǎo; yě yǒude bìng, zhōngyī de xiàoguǒ hǎo. Zhōng-xīyī jiéhé, búdàn kěyǐ lìyòng xīyī xiānjìn de jiǎnchá、huàyàn jìshù, yě kěyǐ lìyòng zhōngyī zhōngyào de tèdiǎn, yěxǔ kěyǐ wèi yìxiē nán zhì de bìng zhǎodào jiějué de bànfǎ.

17 根据本课课文完成林娜的日记。

Complete Lin Na's diary according to the texts of this lesson.

7 月 10 日　晴

今天我去同仁堂看病，那位老中医只给我号了号脉，就给我开了药，而且是吃山楂，这让我简直不敢相信自己的耳朵。以前去医院检查，都要一上午，还要开很多药，可是现在……我问老中医……

18 阅读下列材料，你能说出这是什么吗？从材料中你能找出哪些信息？

Read the following material. Can you tell what it is? What information can you find from it?

足底反射区图

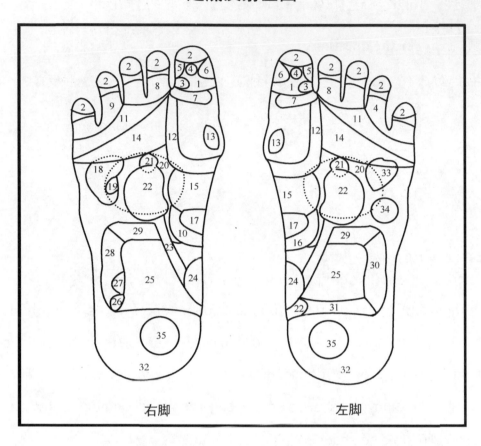

右脚　　　　左脚

1 头（脑）　2 额窦　3 脑干、小脑　4 脑垂体　5 骶叶、三叉神经　6 鼻　7 颈　8 眼　9 耳

10 十二指肠　11 斜方肌（颈、肩部）　12 甲状腺　13 甲状旁腺　14 肺和支气管　15 胃

16 十二指肠　17 胰腺　18 肝脏　19 胆囊　20 腹腔神经丛（太阳丛）　21 肾上腺（左）　22 肾脏

23 输尿管　24 膀胱　25 小肠　26 盲肠和阑尾　27 回盲肠　28 升结肠　29 横结肠　30 降结肠

31 直肠　32 肛门　33 心脏　34 脾脏　35 生殖腺（卵巢或睾丸）

19 写一篇文章，描述一下你的一次就医经历。

Write an essay to describe one of your experiences of seeing a doctor.

20 试着朗读并背诵下面的古诗。
Try to read and recite the following ancient poem.

采桑子

[宋] 辛弃疾

少年不识愁滋味,

爱上层楼。

爱上层楼,

为赋新诗强说愁。

而今识尽愁滋味,

欲说还休。

欲说还休,

却道天凉好个秋。

Cǎisāngzǐ

[Sòng] Xīn Qìjí

Shàonián bù shí chóu zīwèi,

ài shàng céng lóu.

Ài shàng céng lóu,

wèi fù xīn shī qiǎng shuō chóu.

Érjīn shíjìn chóu zīwèi,

yù shuō hái xiū.

Yù shuō hái xiū,

què dào tiān liáng hǎo ge qiū.

我有可能坐中国飞船到太空旅行了

I'm likely to take a space trip by a Chinese spacecraft

（复习　Review）

听说练习　Listening and Speaking Exercises

1 听问题，根据课文内容圈出正确的答案。

Listen to each question and circle the correct answer according to the texts.

① A. 宋华　　　　B. 丁力波　　　C. 王小云　　　D. 林娜

② A. 第一个　　　B. 第二个　　　C. 第三个　　　D. 第四个

③ A. 1.68 米　　　B. 1.70 米　　　C. 1.75 米　　　D. 1.80 米

④ A. 30 天左右　　B. 20 天　　　　C. 半个月　　　D. 半年

⑤ A. 当航天员　　　　　　　　　　B. 研究载人飞船

　　C. 坐中国飞船到太空旅行　　　D. 读航天专业

2 听对话，并判断正误。

Listen to the following dialogue and decide whether the statements are true (T) or false (F).

① 男的的家里明天请客。　　　　　　　　　　　　　　　（　　）

② 女的的妈妈亲自做饭。　　　　　　　　　　　　　　　（　　）

③ 男的喜欢吃红烧排骨、糖醋鲤鱼和西芹百合。　　　　（　　）

④ 男的没吃过鸡爪子。　　　　　　　　　　　　　　　（　　）

⑤ 男的不太相信鸡爪子的味道好。　　　　　　　　　　（　　）

3 听对话，回答问题。

Listen to the following dialogue and answer the questions.

① 今天的报纸上有什么重要的新闻？

②　这次飞船上有没有宇航员？

_____

③　有哪几个国家已经有载人航天飞船了？

_____

④　这些宇航员被挑选出来以前是做什么工作的？

_____

⑤　男的可以当宇航员吗？

_____

4 听短文，并填空。
Listen to the passage and fill in the blanks.

　　不同的国家和民族_____，就_____不同的个

人有不同的生活习惯_____，别人不应该干涉我的生活，_____

_____，我也不应该干涉别人的生活。人们应该_____，

只有这样，各国才能有_____，世界才能够和平。但事实

常常不是这样的，_____有一些人认为_____自己的东西_____

正确的，_____最好的，结果引起了各种矛盾。中国有句古语叫

"己所不欲，勿施于人"，还有一句叫"和为贵"，这两句话可以作

为解决_____的良药。

5 听句子，写汉字。
Listen to the sentences and write characters.

①　_____

②　_____

③　_____

④　_____

⑤　_____

6 角色扮演。
Role-play.

Listen to and imitate the dialogues together with your partner. Try to get the meaning of the dialogues with the help of your friends, teachers or dictionaries.

7 文化体验。
Culture experience.

① 你的梦想是什么？跟你的朋友讨论一下你们的梦想。

② 在你与中国人或者其他东方人的接触中，你有没有不能理解的事情？和他们谈一谈，讨论讨论。

③ 做一次演讲，谈一谈中西文化的不同，可以请你的中国朋友或者老师帮助你。

 读写练习 Reading and Writing Exercises

1 为下列每组汉字和词语标注拼音，并译成英文。猜一猜没学过的字词的意思，并通过朋友、老师或词典来确认。
Give the *pinyin* of the following groups of Chinese characters, words and phrases and then translate them into English. Try to guess the meanings of the characters, words and phrases you haven't learned and then confirm them with the help of your friends, teachers or dictionaries.

（1）集中识字 Learn characters of the same radical group

王：主 玛 环 现 玩 珍 班 球 理 望

力：办 加 动 励 努 勤

广：庆 床 应 店 庙 府 度 庭 席 座 唐 康

（2）词语联想 Learn words and expressions associated in meaning

发 发表 发病 发布 发财 发出 发达 发动 发火 发挥
　 发觉 发明 发票 发生 发射 发现 发音 发烧 发展
　 发作 发问 发育 出发 开发 签发 自发

进 进步 进餐 进程 进出 进度 进化 进货 进见 进口
　 进来 进去 进退 进行 进修 进展 改进 前进 上进
　 推进 先进 增进

新　新房　新婚　新郎　新娘　新奇　新人　新生　新式　新手

新闻　最新　重新　更新　全新

严　严办　严冬　严防　严父　严格　严寒　严禁　严厉　严明

严正　严重　尊严

（3）集中识字与联想记词

Learn characters with the same radical and words and expressions associated in meaning

车：轧　轰　轨　转　轻　辆　斩　软　轴　较　轿　辅　辈　输

辐　辑　辕　辖　辙　阵　连　军……

车把　车床　车刀　车道　车工　车辆　车门　车皮　车胎

车厢　车轴　车票　车站　车次　车照……

马车　汽车　火车　电车　卡车　小车　轿车　客车　卧车

餐车　货车　专车　跑车　自行车　摩托车　油罐车　出租车

公共汽车　有轨电车　三轮车……

坐火车　开汽车　赶马车　骑自行车　停车　倒车　修车

存车……

2 把第一行和第二行的汉字连线组成词。

Find a character in the second line which can be combined with a character in the first line to make a word. Draw a line to connect the two.

太　飞　发　航　从　身　标　进　严　神　和　主　营　道　进

空　天　行　格　口　养　理　准　船　射　此　平　人　舟　高

3 用合适的词语填空。

Fill in the blanks with proper words or expressions.

（1）这个问题还没有解决，我们还要继续＿＿＿＿＿＿＿＿研究。

（2）听了这条消息，我＿＿＿＿＿＿＿＿马上到那儿去看看。

（3）上个世纪五十年代，中国才开始＿＿＿＿＿＿＿＿自己的汽车和飞机。

（4）现在，越来越多的国家成功地＿＿＿＿＿＿＿＿了卫星。

（5）女儿在夏令营跟小朋友们＿＿＿＿＿＿＿得很好。

4 选择正确的答案。
Choose the correct answers.

（1）一般来说，夏天的下午两点钟_____，是一天天气最热的时候。

    A. 上下   B. 左右   C. 内外   D. 前后

（2）我们要对这些资料_____细致的分析。

    A. 进行   B. 于   C. 行   D. 做进行

（3）别人累的时候选择喝茶或咖啡，可他_____要喝牛奶。

    A. 总   B. 却   C. 还   D. 又

（4）你_____要去哪儿过年？

    A. 就是   B. 要是   C. 总是   D. 究竟

（5）王子和公主_____过上了幸福快乐的生活。

    A. 从   B. 从此   C. 从来   D. 从前

5 连接 I 和 II 两部分的词语，组成句子。
Make a sentence by matching an expression in Part I with another one in Part II.
Draw a line to connect them.

I	II
农村里修了公路，	1.80 米左右。
小伙子身高	又勤劳。
他小时候	而是假的。
他既聪明	从此交通就方便了。
这张人民币不是真的，	恨不得天天过春节。

6 用所给词语组成句子。
Make sentences with the words or expressions given.

For example: 说 好 他 得 汉语 很 → 他汉语说得很好。

（1）没有 即使 能 别人 我 也 帮助 成功

    → _____

（2）明天 如果 太 你 那 来 我 就 能 高兴 了

    → _____

（3）队员 训练 好 教练 足球 严格 啊 训练得 这位

→ _____

（4）和平 我们 希望 爱好 人民 各国 加强 友谊 的 与

→ _____

（5）健康 身体 保持 为了 运动 以外 营养 多 注意
除了 应该 要 还

→ _____

7 用所给词语造句。
Make sentences with the words or expressions given.

（1）进行

_____

（2）左右

_____

（3）从此

_____

（4）恨不得

_____

（5）好＋A

_____

8 变换下列句子的说法，注意用上括号里的词语。
Change the following sentences into sentences with the words or phrases in the parentheses.

（1）妈妈做的菜好看、好吃。（既……又……）

_____

（2）过春节的时候，城里人或者去农村体验过年的热闹气氛，或者去外
国旅行增长知识。（不是……，就是……）

_____

（3）小叶子会唱歌会跳舞，太爷爷很喜欢她。（又……又……）

_____

（4）王老师教给我文化知识，又教给我做人的道理。（不但……，还……）

_____

（5）风没停，越刮越大了。（不但……，反而……）

_____

9 用上括号里的词语，把下列句子译成中文。
Translate the following sentences into Chinese, using the words or expressions in the parentheses.

（1）I will come back home at about 7p.m.（左右）

_____

（2）Hence, I have not heard from her.（从此）

_____

（3）What you said is very reasonable, and I completely agree with you.（有道理）

_____

（4）She has knowledge as well as confidence.（既……又……）

_____

10 选择有语法错误的一项。
Choose the grammatically wrong part in each statement.

（1）他 <u>不但</u> 认识我，<u>又</u> <u>也</u>认识我的家人。　　　　　　（　　）
　　　　A　　B　　　C　　D

（2）你应该 <u>先</u> 完成作业，<u>然后</u> <u>还</u> <u>去玩儿</u>。　　　　（　　）
　　　　　　A　　　　　B　C　D

（3）<u>既然</u> 你同意，<u>那</u> 我 <u>都</u> 没有什么反对意见了。　　（　　）
　　A　　　　　B　C　　D

（4）<u>既然</u> 我的书法很好，<u>但是</u> 我 <u>并不</u> 喜欢书法。　　（　　）
　　A　　　　　　　B　　C　　D

（5）<u>不管</u> 你有多胖，你 <u>就</u> <u>不能</u>对减肥失去信心。　　（　　）
　　A　　B　　　　C　D

11 选择下列词语在表述中的正确位置。

Choose the correct positions in the statements for the following words or phrases.

（1）从此

A 出了这个校门以后，B 我们可能 C 就再也 D 不能见面了。

（2）左右

A 小伙子 B 有 C 二十岁 D。

（3）怪不得

A 这个专业 B 招研究生 C 有严格的标准，D 每年都很难考。

（4）将来

如果 A 我们 B 不保护环境，C 人们就 D 不能在地球上生活下去。

12 从下列选项中选择一组合适的词语，把它们填入句子的合适位置。

Choose the right expressions from the options and then fill them in the proper positions in the sentences.

（1）大学毕业以后，你在国内读研究生，出国留学。

    A. 要是……，就……　　　　B. 要么……，要么……

    C. 如果……，就……

（2）人人都说他的能力很强，但他对自己没有信心。

    A. 虽然……，但是……　　　　B. 尽管……，还是……

    C. 因为……，所以……

（3）科技能发展农业。

    A. 只有……才……　　　　B. 只要……就……

    C. 一边……一边……

（4）天有多热，农民们要在地里干活儿。

    A. 不管……，也……　　　　B. 要是……，就……

    C. 既然……，就……

13 根据本课"阅读与复述"中的短文内容判断正误。

Decide whether the following statements are true (T) or false (F) according to the passage in "Reading Comprehension and Paraphrasing" of this lesson.

（1）世界上手机用户最多的国家是中国。 （　　）

（2）15 岁到 35 岁之间的年轻人喜欢发短信。 （　　）

（3）发短信很经济，但不方便。 （　　）

（4）许小姐发来的第二条短信，说的是她正在追一个男孩子。 （　　）

（5）写这篇文章的作者是个胖丫头。 （　　）

14 回答问题，然后把你所说的写下来。

Answer the question, and then write down what you have said.

　　当你在别的国家生活的时候，一定常常遇见与你的生活习惯不同的事情。请举一两个例子，跟你的朋友讨论一下这个问题。

15 读短文，完成下列练习。

Read the passages and do the following exercises.

（1）造航天飞船还是航天飞机

　　1988 年 7 月 20 日至 31 日，十七位著名专家在哈尔滨对筛选出来的六个方案进行评审打分。航天飞船方案和航天飞机方案的得分非常接近，前者是 83.69 分，后者是 84 分。

　　主张"航天飞船方案"的认为，载人飞船既可搭乘航天员，又可向空间站运输物资，还可作为空间站轨道救生艇用。飞船具有安全可靠的优势，它还有成本低和生产周期短的优点，比较符合中国的国情。而航天飞机无论是造价还是维修费用以及发射场建设，都很贵，而且中国当时根本不具备制造航天飞机的条件。

主张"航天飞机方案"的则认为，航天飞机集火箭、卫星、飞机的优点于一身，既能像火箭一样垂直发射，又能像卫星那样在太空轨道绕地球飞行，还能像飞机那样进入大气层滑翔着陆。无论是从技术发展的角度还是从航天飞机可重复使用的性能方面看，它都代表了国际航天发展的潮流，多次重复使用也是比较经济划算的；要是花费人力物力研制飞船，即使搞出来了，迟早也要被淘汰。

经过两年多的航天高技术概念研究，航天领域的专家们得出了基本一致的意见——中国应当从载人飞船起步。不过，中国的飞船要一步跨入 20 世纪 90 年代的水平。

讨论　Discussion

和同学讨论"航天飞船方案"和"航天飞机方案"的意见，然后把讨论的结果写下来。

（2）回望神舟

从 1992 年 9 月 21 日中国载人航天工程（zài rén hángtiān gōngchéng）被批准正式上马（shàngmǎ）起，研制试验的科技工作者们就开始了艰苦的攻关（gōngguān）。历经七年的努力，1999 年 11 月 20 日，"神舟"一号试验飞船发射成功了，全国人民为之振奋。飞船在轨运行一天之后，成功返回内蒙古四子王旗主着陆场。飞船返回舱圆满（yuánmǎn）回收。

2001 年 1 月 10 日，"神舟"二号飞船成功发射。这是第一艘正样无人飞船，标志着中国载人航天工程进入了正样发射试验阶段。

2002 年 3 月 25 日，"神舟"三号飞船再铸辉煌，中国载人航天工程成功经受了一次全系统的考核（kǎohé）。

2002 年 12 月 30 日凌晨，"神舟"四号飞船再度腾飞，标志着中国载人航天工程取得了新的进展，向实现载人飞行又迈出了重要一步。

四次无人飞行试验，特别是"神舟"三号、"神舟"四号连续两次与载人飞行技术状态基本一致的飞行试验，为"神舟"五号圆满实现载人飞行打下了坚实的基础。

用汉语解释下列词语　Explain the following words in Chinese

① 载人航天工程：_____

② 上马：_____

③ 攻关：_____

④ 圆满：_____

⑤ 考核：_____

（3）"神舟"五号载人飞船飞行记

2003 年 10 月 15 日是"神舟"五号载人飞船在酒泉卫星发射中心顺利发射成功的日子，也是中华民族实现飞天梦想的日子。

5 时 20 分，在酒泉卫星发射基地举行航天员出征仪式。中国国家主席胡锦涛对航天员杨利伟说："'神舟'五号马上就要发射了……杨利伟同志就要作为我国第一个探索太空的勇士出征，就要肩负着祖国和人民的重托去实现中华民族的千年梦想。相信你一定会沉着冷静、坚定果敢，圆满完成这一光荣而又神圣的使命。我们等待着你胜利归来。"杨利伟则激动地表示，他决不辜负祖国和人民的期望。

6 时 15 分，杨利伟进入飞船返回舱就座后，向人们招手致意。

8 时 59 分，飞船发射进入最后一分钟准备。杨利伟充满信心地躺在特制的航天座椅上。飞船发射进入最后读秒阶段："10、9、8、7、6、5、4、3、2、1、点火！"

9 时整，随着大地的震动，"长征二号 F 型"运载火箭托举着"神舟"五号飞船顺利升空。

9 时 09 分 50 秒，船箭分离，飞船进入预定轨道。从这一刻起，航天员杨利伟成了浩瀚太空迎来的第一位中国访客。

9 时 34 分，"神舟"五号飞船工作正常。航天员杨利伟报告："感觉良好！"这是他登上太空之后的第一句话。

9 时 42 分，中国载人航天工程总指挥宣布："'神舟'五号载人飞船发射成功！"

11 时 08 分，北京航天指控中心指挥大厅大屏幕显示，航天员杨利伟开始在太空中进午餐。

13 时 39 分，"神舟"飞船进入绕地飞行第四圈。北京航天指控中心指挥大厅大屏幕显示，航天员杨利伟呈仰卧姿态，正在记录飞行日志。

17 时 26 分，中国国防部长曹刚川跟航天员杨利伟进行了一场"天地对话"。

18 时 40 分，航天员杨利伟在太空中展示了中国国旗和联合国国旗。同时他在距地面 343 公里的太空说："向世界各国人民问好，向在太空中工作的同行们问好，向祖国人民、港澳同胞、台湾同胞、海外侨胞问好，感谢全国人民的关怀。"

19 时 58 分，正在太空飞行的航天员杨利伟与他的父母妻儿进行了"天地对话"。

　　……

4 时 19 分，飞船进入环游太空的最后一圈，即第十四圈。

4 时 53 分，返回段进入 40 分钟准备。

5 时 04 分，"神舟"五号飞船返回舱成功进入返回轨道。

5 时 35 分，北京航天指挥控制中心成功向正在太空运行的"神舟"五号载人飞船发送返回指令。

5 时 36 分，"神舟"五号飞船轨道舱与返回舱进行分离。返回舱与推进舱轨道高度不断降低，向预定落点返回。飞船轨道舱将留在轨道继续工作半年。

5 时 59 分，"神舟"五号载人飞船返回舱与推进舱成功分离，成功进入返回轨道。

6 时 04 分，"神舟"五号载人飞船返回舱进入危险的"黑障"阶段，会使通信中断。

6 时 11 分，飞船再入大气层。主着陆场报告："雷达发现目标！"

6 时 12 分，主伞打开。

6 时 13 分，返回舱引导伞已打开。杨利伟报告身体状况良好。

6 时 23 分，飞船返回舱在内蒙古中部草原安全着陆。

6 时 43 分，航天员杨利伟自主出舱并向人群招手。同时北京指挥控制中心宣布：中国首次载人航天飞行获得圆满成功。

7 时 01 分，温家宝总理祝贺载人飞船圆满成功。

回答问题　Answer the question

用自己的话简单复述"神舟"五号载人飞船飞行记，然后写下来。

（4）上海媒体采访杨利伟

新民晚报记者

昨天下午 5 点左右，杨利伟终于接受了上海主要媒体的联合采访，以下是本次专访的部分节选。

问：听说你是第一次来上海，对上海感觉怎样？

杨利伟（以下简称"杨"）：感觉到上海人民的热情，也感觉到上海作为一个现代化大都市的风采。

问：一下子被授予"航天英雄"这个荣誉称号，对自己的荣誉如何看待？

杨：我想这个荣誉不是我自己的，应该属于整个集体，或者说是整个航天人的。因为载人航天是一个系统工程，不是哪一个单位和哪一个人就能完成的，这是一个系统的大家协作的工程。

问：作为一个已经看到太空是什么样子的人，你是否有强烈愿望希望再一次飞上天看太空？

杨：我想，这是航天员，或者是从事载人航天工程的每一个人都会有的愿望，这是我的本职工作。

问：我们知道航天员的生涯可能比较短，如果有一天身体素质不能达到航天员标准，你会有何打算？

杨：我想会利用自己所学的知识和所积累的一些经验，继续为航天事业做自己应该去做的事情。

问：我们在电视镜头上看到你一直坐在返回舱里面，其实你还做了许多动作，具体有哪些动作？

杨：在整个飞行过程当中有200多个操作，这些操作大部分是在失重状态下去做的。在这些程序规定的操作之外，尽可能也做了一些日常生活中的动作，比如吃东西、喝水，自己的一些身体运动，包括一些摄像和照相。

问：你上天以后是否有些情况是在地面上没有预想到的？

杨：我想这个事情肯定是有的，或多或少都会有的，因为毕竟是第一次上去。

问：除了航天工作之外，你平时的爱好是什么？

杨：我比较喜欢运动，喜欢听音乐，尤其是交响乐，也比较喜欢旅游。

回答问题　Answer the question

如果你来采访杨利伟，你想问哪些问题？

16　根据拼音，在电脑中输入汉字。
Input Chinese characters on computer according to the *pinyin*.

　　　　Xiànzài de Zhōngguó dàxuéshēng jīhū rénrén dōu yǒu yí bù shǒujī, shǒujī bèi

kànchéng liánxì tóngxué gǎnqíng de bìbèi yòngpǐn. Dāng guònián guòjié huòzhě

tóngxué shēngri de shíhou, yí jù xiǎoxiǎo de wènhòu, chángcháng néng wēnnuǎn

duìfāng de xīn. Zhōngguó de duǎnxìn yèwù yě cóng pǔtōng duǎnxìn biànchéngle

cǎixìn, ràng niánqīngrén de shēnghuó gèngjiā fēngfù duōcǎi.

17　完成下面的日记。
Complete the following diary.

7月10日　晴

今天我收到了一条很有意思的短信……

18　你能想出下列问题的答案吗？
Can you figure out the answers to the following questions?

（1）前些日子，小高与父母第一次出国旅行，他们三人来到一个完全陌
　　生的国家。由于语言不通，他的父母不知道该怎么办。而只有小高
　　一点儿也没有觉得不方便，好像还在自己的国家中，这是什么原因
　　呢？

（2）力气很大的玛莉小姐骄傲地说："我只要用一只手就能挡住正用每小时 50 公里的速度开着的汽车。"小慧听了立即说："你挡住的不过是一般的计程车，我一只手就能抵挡大卡车。"小慧究竟是什么样的人呢？

（3）杰克和彼得是邻居，也是关系很好的中学同学。有一天，杰克早上 7 点 10 分骑自行车从家里出发，用每小时 15 公里的速度到达学校，但已迟到 15 分钟。而同一天，彼得同样骑自行车于早上 7 点 45 分出发，用和杰克相同的速度骑车到学校，却没有迟到。为什么只有杰克迟到呢？

19 阅读下面关于文化差异的文章，你能说出作者遇到了哪些文化差异吗？写下你的看法。
Read the following article about cultural differences. Can you tell what cultural difference the author found? Write down your opinion.

对文化差异一词，人们并不陌生。为什么西方的一些笑话，在中国让人笑不起来？为什么中国的传统美德"谦虚"，在西方则被认为是无能的表现？在东方，更强调集体表现和集体主义精神；在西方，则强调个人表现。他们认为，不愿表现自己才华的人，是不可理解的，是奇怪的。以上的问题，归根到底是文化差异问题。

笔者在国外留学期间，第一次体验到文化差异的问题，是在与西方同学一起参加生日晚会分蛋糕时。

记得在我生日的当天晚上，来自欧洲国家的几个同学为我端来了精美的生日蛋糕。我很兴奋，竟忘记周围的朋友都是外国人了。我凭借中国的思维方式及礼仪习惯（先考虑别人，后考虑自己），自然把蛋糕分成几块，每个朋友得一大块儿，最后只留给我自己一小块儿（我自以为这种分法会让人们感到我很大方，而且好客）。然而，出乎我的意料，朋友们只是安静地吃着分给他们的大块蛋糕，并未发现他们很愉快，或者像中国人那样，很客气地推掉大块蛋糕，主动要求吃小块儿的，这令我感到有些别扭。

当轮到另一位西方朋友过生日时，我才发现，她分蛋糕的方式与我截然不同。分蛋糕之前，她问各位："要大块还是小块？"出于中国式的客气，我要了一小块儿，她果真尊重我的意见，切了象征性的一小块儿给我，这令我不太高兴，心里嘀咕："真小气。"（因为按中国人的思维及礼仪，朋友是因为客气才要小块儿的，在这种情况下，主人应违背客人的表面要求，强迫客人吃大块儿的，以显示主人的大方和对朋友的厚待。）我发现，因为其他朋友各自都要了一小块儿，结果有约二分之一的蛋糕留给了主人自已，她也只吃了一小块儿，便把剩余的放进了冰箱。

20 试着朗读并背诵下面的古诗。
Try to read and recite the following ancient poem.

卜算子　　　　　　　　　　**Bǔsuànzǐ**

［宋］李之仪　　　　　　　　　［Sòng］Lǐ Zhīyí

我住长江头，　　　　　　　　Wǒ zhù Cháng Jiāng tóu,

君住长江尾。　　　　　　　　jūn zhù Cháng Jiāng wěi.

日日思君不见君，　　　　　　Rìrì sī jūn bú jiàn jūn,

共饮长江水。　　　　　　　　gòng yǐn Cháng Jiāng shuǐ.

此水几时休？　　　　　　　　Cǐ shuǐ jǐ shí xiū?

此恨何时已？　　　　　　　　Cǐ hèn hé shí yǐ?

只愿君心似我心，　　　　　　Zhǐ yuàn jūn xīn sì wǒ xīn,

定不负相思意。　　　　　　　dìng bú fù xiāngsī yì.